本书为国家社会科学基金重点项目"太平洋岛国研究"（15AZD043）后续研究成果，教育部国别和区域创新基金项目"汤加王国海洋文化研究"（31940210025）、山东省社科规划打造山东对外开放新高地研究专项"山东海洋文化与汤加岛国文化互鉴互通研究"（21CKFJO5）、山东省社会科学普及应用研究项目"汤加王国历史地理速写"（2021–SKZC–39）、聊城大学太平洋岛国研究中心建设经费、聊城大学人文社会科学研究基金项目等的阶段性成果。

汤加王国探秘

康建军 侯 丽 著

山东画报出版社
济 南

图书在版编目（CIP）数据

汤加王国探秘 / 康建军 , 侯丽著 . —济南 : 山东画报出版社 , 2023.3

ISBN 978-7-5474-4340-8

Ⅰ . ①汤… Ⅱ . ①康… ②侯… Ⅲ . ①汤加—概况 Ⅳ . ① K963.9

中国版本图书馆 CIP 数据核字 (2022) 第 153162 号

TANGJIA WANGGUO TANMI

汤加王国探秘

康建军　侯　丽　著

项目策划 赵发国
责任编辑 赵祥斌　孙程程
装帧设计 智范文化

主管单位 山东出版传媒股份有限公司
出版发行 山东画报出版社
　　社　　址　济南市市中区舜耕路 517 号　邮编 250003
　　电　　话　总编室（0531）82098472
　　　　　　　市场部（0531）82098479
　　网　　址　http：//www.hbcbs.com.cn
　　电子信箱　hbcb@sdpress.com.cn
印　　刷 山东星海彩印有限公司
规　　格 170 毫米 ×240 毫米　16 开
　　　　　　8.25 印张　65 千字
版　　次 2023 年 3 月第 1 版
印　　次 2023 年 3 月第 1 次印刷
书　　号 ISBN 978-7-5474-4340-8
定　　价 88.00 元

如有印装质量问题 , 请与出版社总编室联系调换。

引子

大海会漂白所有晚来的驳船

所以有一千匹白马跑来跑去

那是岛屿 和岛屿的婚礼

将傍晚的欲望扦插成船的灯

在春天里 在这个大大的世界上

只有一艘小小的船 一张小小的网

海风把黑夜 分开成为两个时段

一段是崭新的黑 一段是烧红的夜

窗帘上的桃花背后是黄昏的花

海湾里面珍珠的沉睡缓慢开始

夜鸟遗失了翅膀却收购了天空

彩鱼吐出了喷香的泡泡和海盐

最开始我有五种清欢和五种悔恨

到最后我有五种睿智和五种愚昧

——《汤加物语·大海边有一千匹白马跑来跑去》

前言

2018年下半年，崔艳嫣、齐辉、张蕾蕾和我四位老师，被选派参加教育部援外支教工作，作为首批即将远赴汤加王国的支教队伍，进行出国前的各种培训。在那时候，汤加王国予我们的，只不过是四个拼合在一起的汉字，也只不过是一张张平面的图片。但是到了2019年底，当我们圆满完成援外支教任务、顺利返回国内时，汤加王国予我们的，则已经是一个非常丰盈、立体生动的形象了。至今惹得我们不得不时时回望，时刻关心着这个孤悬海表的古老王国。

孟德斯鸠的《论法的精神》中说，热带的人笑点低、容易痒、会懦弱，除懦弱与事实相悖之外，其他的还真让他说对了。在汤加你见过的所有人，表情永远是那么生动；他们可能缺乏最基本的物质财富，但绝对都是精神上的大富翁。大风大雨里，我们从雨刷能刮出来的些微车窗空隙里看见，那些高大、健硕、长着可爱的小胡须的波利尼西亚女人们，在敞篷的货车车厢或者漏雨的二手轿车里面，仍然大声地说着、笑着、唱着、开心着。我的多巴胺指数一直异常，所以不会大喜大悲、也无法大吵大闹。因此我对于汤加人这种简单的快乐，总是无法感同身受，但是极容易被他们大得几乎能掀掉屋顶、连珠炮似的连环笑声感染。

就是说，甭管第二天太阳是否照常升起，而汤加人的快乐，谁都无法褫夺，哪怕是狂风骤雨，哪怕是饥饿贫穷，哪怕是洪水滔天，哪怕是一无所有。我甚至至今也无法推演出，那些睡在水泥地、破板床、烂沙发上的小男孩们，面对着经常不期而至的飓风、暴雨、海啸，以及物资匮乏、地震频发、火山活动频仍的这个世界，怎么还会有那么多的爽朗笑声。你真的无法想象，这个民族的乐观和豁达、勇敢与无私，是如何植根于整个民族品性的。

2022年1月15日，百年不遇的洪阿汤加-洪阿哈派火山喷发以来，很多人才发现对于汤加王国这个文化孤岛的认知近乎为零。在科技发达到与外太空视频通话都非常便捷的当下，整个文明社会与汤加王国这个信息孤岛却一度失联，这也是呼唤本书尽快面世的急切需要。笔者所在的聊城大学太平洋研究中心的领导和老师们在一周的时间里，先后接受过中央电视台、山东电视台及《中国日报》《光明日报》《中国教育报》《新京报》《大公报》《文汇报》等传统媒体和腾讯网、环球网、凤凰网、新浪网、澎湃在线等新媒体上百次的采访，以及海外媒体的采访和转引，但大部分采访内容都是一些外在的知识性问题、均未涉及这个神异国度的深层次问题。

在2月初，根据百度搜索"聊城大学+汤加"的结果，由两周之前的信息量网页仅为几十条，迅速增长为火山爆发两周后的158万条，并连续占据百度热搜排行榜、热搜指数累计超过上千万次。但即使如此，公众通过网络所获得的关于汤加王国的信息量仍然有限，这也说明我们对汤加王国历史文化、社会地理基础研究成果的匮乏；因此笔者团队致力于汤加王国文化地理学内容的译介和研究，争取向国人展示一个历史地理、宗教文化、海洋岛国视角下典型的波利尼西亚土著汤加人的独立王国全景。

就我本人而言，特别想写一个非常严肃的汤加王国历史地理学研究的著作，但是在写作实践中并未能完全落实，在2020年写成的诗文集《汤加物语》，被汤加前驻华大使西亚梅利耶·拉图先生盛赞，他称"全书饱蘸着志愿援外汉语教师对于汤加王国的深情厚谊，有助于读者更好地把握一个真实的、动感的汤加。据我所知，本书是对汤加景致和南太平洋风情进行全景式展示的第一本汉语诗文集"。

到大海边、到远方去吧，这世界林林总总的快乐和新奇，就是上天给予人类的最大的馈赠。《汤加王国探秘》分为十章，力图全景式展示我们所认识到的汤加王国——处在南太平洋最深处的、古老的独立王国。本书中，初识汤加，梦幻天堂；汤加岛屿，海中列舰；汤加火山，崭新国土；汤加风情，岛国文化；异域一瞥，绝美汤加五章，顾名思义，是对汤加王国的自然地理、旅游风景、社会文化进行了细致的描摹。而衣食住行，汤加味道；汤加工艺，土著原味；一带一路，中汤友谊三章，则就汤加王国的风土人情、土著景观、地缘政治等进行了刻画。还有对于汤加王国动物、植物进行览胜式介绍的两章，分别是汤加植物，花事荼蘼；汤加动物，无奇不有。

希望读者在阅读的过程中，通过静态的美图，切身地感受到这个南太平洋岛国的与众不同。本书展示的200余幅图片，绝大部分是笔者随手拍的，以纪实为主、艺术性差。少部分图片来自汤加当地媒体（主要是Matangi Tonga Online、Kingdom Digital、Malau Media）、脸书（Facebook）、百度百科与维基百科，书中还展示了汤加友人分享的图片，由于客观条件之限制，一些图片已经无法翻查了，谨此致谢、恕不一一。一本书的诞生，得益于多位师友的共同打磨，崔艳嫣老师和王敬媛老师全程参与了本书的编纂工作，并就书稿的修改、完善提出了意见与建议。

本书写作过程中，我们再次回想起了在援外的一年里所遇到的来自各个大洲的朋友、华人华侨，还有威严而又亲切的使馆领导以及中资企业、援汤农业组、援汤医疗队和在海外打拼的兄弟姊妹，乃至援汤的美国和平队和援汤的澳大利亚、新西兰、日本民众……他们的面孔如同走马灯一样地在脑海里不断闪现。这个世界太过奇妙，我们跨越了几百天、跨越了一万公里，就是为了在彼时、在彼地的遇见。也许以后不会再见，所以我们每一个人都应该把我们所认识的汤加王国展示给世人。本书其实应该更早一些面世，而不至于有蹭汤加火山的热点之嫌。因为2021年春，家父突发重疾而终至离世，我们辗转潍坊、聊城、济南、北京求医，其间的绝望与崩溃，幸得领导和朋友的关照和友爱才得以纾解。

本书的中文版蒙山东画报出版社的赵发国总编辑、赵祥斌编辑、孙程程编辑、师兄李德楠教授关照得以面世，本书的英文版将由爱人侯丽和女儿康嘉禾、韩文版将由友人译介到海外出版发行，一方面是对家父的怀念，另一方面是文化走出去的一种尝试。书中还有彩蛋，是一个内含全书音频的二维码，由家人以及有播音主持资质的朋友朗读，音质优美，算是一个创新，也希望各位读者能耐心听到最后。

书末，我们向目前尚滞留在汤加王国的赵培宝、任爱芝、张剑锋三位老师致以诚挚敬意和深切慰问，他们遭遇了本次规模巨大的火山爆发，也遭遇了新冠疫情的肆虐，生存条件比我们当时更为恶劣，祈盼他们尽早凯旋。回首来时路，幸不辱使命。我们都尽快克服了二类艰苦地区汤加王国的生活困难，积极主动开展援外工作，将齐鲁大地的儒雅风范，将好客山东的真情实感，将中华民族的宽仁坚韧、身体力行、勤谨履职、孜孜矻矻，译介、延引、推广到风光旖旎的汤加王国，也希望世人通过本书能够更好地了解这一个神秘的王国。

康建军　侯　丽

于聊城大学太平洋岛国研究中心

2022年3月

目录

第一章

初识汤加，梦幻天堂

一个岛屿跟从一只鲸鱼深潜入海
溅起的火花点燃了丛林里的小径

流浪者用海盐喂养出大鸟和歌声
而遥远的岛屿溅起了绿色的火焰

汤加王国展示给世人的，是辽阔苍蓝的大洋，是低沉铿锵的鲸鸣，是世界上的第一缕阳光，也是你关于静美世界的终极想象。这个有着浓郁异域特色的古老王国，海岸绵长，清风朗月，岁月悠长，足以体味，人类何以是自然之子，而同时又是万物之灵。

 美丽的瓦瓦乌

地理位置

汤加王国（The Kingdom of Tonga），简称汤加，位于大洋洲，在南太平洋西部、国际日期变更线西侧，是南太平洋岛国中唯一维持君主制的国家，于1845年由多个岛屿联合而成的汤加王国完成统一，并在1875年实行君主立宪制至今。1998年汤加王国与中国建交，并于1999年成为联合国第188个成员国。

汤加王国的陆地总面积为747平方千米，其中陆地面积717平方千米，主岛潟湖面积30平方千米，主岛境内无河流，海岸线长419千米。漫长的海岸线为汤加王国提供了不可估量的海洋资源。

　　拥有26万平方千米的蓝色海洋国土和近70万平方千米海洋专属经济区的汤加王国，由汤加塔布（Tongatapu）、瓦瓦乌（VaVa'u）、哈派（Ha'apai）三大群岛和埃瓦（Eua）、纽阿托普塔普岛等小岛组成，共172个岛屿，其中有人居住的岛屿为36个，由于火山喷发和地震等自然条件影响，有个别的无人岛，存在着沉入海底或变为暗礁的此消彼长的现象。

　　在浩渺的南太平洋中，大部分岛国在地图上实际上是无法按比例标识的，不依靠现代卫星技术，飞机和轮船都很难抵达这个大洋深处的王国。汤加西距斐济650千米，西南距新西兰1770千米，距澳大利亚墨尔本3500千米，即使在大洋洲内部，汤加距离大片陆地也是非常遥远，而距离中国海南更是有超过10500千米的遥远距离！

▲ 美丽的群岛

就整个太平洋岛国和地区而言，南太平洋拥有2000多万平方千米的海洋专属区，海洋资源与矿产资源丰富，盛产铜、镍、金、铝矾土、铬等金属和稀土，海底蕴藏着丰富的天然气、石油和其他矿产资源。

汤加王国的海洋地质地理最基本特征就是岛屿群组。汤加大陆架东侧列岛可分为三个主要的岛屿群，即西南方的汤加塔布群岛、中部的哈派群岛和东北方的瓦瓦乌群岛。

汤加塔布群岛面积约257平方千米，是汤加最大的岛屿，是汤加首都努库阿洛法（Nuku'alofa）所在地。

约占全国陆地面积的三分之一，由汤加塔布岛、埃瓦岛及其附近的一些小岛组成。

汤加王国境内总人口为10.4万，首都努库阿洛法位于汤加塔布岛北部海岸，是汤加王国政府、王室和议会所在地，也是汤加的工商业中心、交通枢纽和进出口货物集散地。当地出产供应国际市场的椰子、香蕉等，以及椰子加工业和编织业的产品，超过一半都是通过海运出口的。港口可停泊万吨级轮船，有定期海航线，可与南太平洋多个岛国及澳大利亚、新西兰通航。

气候

汤加的雨季和旱季分明，雨季大都从12月份开始，此期间多飓风，尤其以2月份前后为甚。汤加南部为热带草原气候，北部为典型的热带雨林气候。南部平均气温为23℃，北部为27℃。也就是说，处在南半球的汤加，太阳是从北边升起的，因此北边的岛屿靠近赤道，气温也就比南边的岛屿更高一些。

总体来说，汤加各地从5月到11月，天气较凉爽干燥，属于旱季，降水较少，没有储水罐的家庭会有用水之虞；其最低气温一般不低过18℃，夜间和清晨非常凉爽，需要盖被子；当地居民甚至有穿棉袄、戴棉帽的。试想一下，早上外出的时候你碰到下身穿着短裤，上身却穿着棉袄、戴着棉帽的汤加人，你可不要惊讶！

从12月到次年4月，天气较温暖湿润，降雨较多，基本上天天有雨，并且每天的降雨多以阵雨为主，也有终日下雨的情况。因土壤为火山灰土，渗水性极强，路上一般不会有积水，但田间的积水会伤害农作物，这期间一般极少进行农事生产。雨季的最高气温一般不超过35℃，整体温度区间较为明显。暖湿的气候，使得汤加的热带水果产量丰厚，这是大自然取之不竭的馈赠。

▲ 汤加异形邮票上的热带水果

▲ 汤加西北部的塔斯曼登陆点，是西方人最早登陆汤加塔布岛的落脚点

▼ 塔斯曼登陆点附近海域

▲ 艾伯·塔斯曼肖像图

▲ 詹姆斯·库克雕像

艾伯·塔斯曼（Abel Tasman，1603—1659），荷兰著名探险家。他是已知第一位到达塔斯马尼亚、斐济、汤加和新西兰的欧洲探险家。他因1642年和1644年以荷兰东印度公司名义发起的两次远航而闻名于世，他发现汤加塔布岛的时间比詹姆斯·库克（James Cook）船长还要早。1643年1月21日，他在汤加塔布岛的西北岬登陆并留下记载，这是有文字以来的首次，而船队在往西北方向回航途中发现了斐济。

汤加主岛西部有座神秘的"幽灵岛"，是因为这座小岛像"幽灵"一样神秘、忽隐忽现，位置就处在引发汤加王国"失联"的火山附近，可见本处火山一直处在活跃阶段。

根据王敬媛、陈万会所编著的《列国志·汤加》一书记载，1831年7月10日，在汤加西部海域的海底火山突然爆发，随后冒出来一个小岛，甚至长大成一个60多米高、方圆近5平方千米的岛屿，可是后来又消失了。1904年随着火山喷发，"神秘岛"再次冒了出来，岛上布满了美丽的浮石，这次是日本人发现并马上将其占为己有；然而2年后，这个小岛却神秘地消失在茫茫大海中了。就在日本人走后不久，它又从海里"钻"了出来，这次汤加王国立即派兵占领；但是几年后它再度消失了。到1928年火山喷发的时候，小岛又一次从海里"生长"出来，这次"长"到了海拔182.9米；但10年后，它神秘地消失了，遗憾的是至今也没有"再出来"。

本处火山爆发的周期结束之后，会不会又生长出来一个小岛呢，让我们拭目以待吧！

第二章

汤加岛屿，
海中列舰

一只贝壳被海风吹成了两瓣桃花
这只海贝向风飞翔幻化成了蝴蝶

我看见一排排红树林整齐地驻扎
它们在雨林里朝向大海喊着妈妈

　　岛民的生活，正应了"靠海吃海"的古训，大海是无穷赐予的，给了岛国居民所需要的一切。当然大海也是神圣、深邃、不可捉摸的。从汤加塔布岛远望，周边拱卫的小岛，就是天然的屏障，为主岛抵御着暴风和骤雨，汤加各群岛周边的一众小岛，就像是海中陈列的一队队战舰，予人以无尽的遐想。

汤加王国诸岛自东北向西南散布在茫茫太平洋之中，大部分岛屿底部为石灰岩，上面覆盖层层叠叠、常年累积的珊瑚礁，其他岛屿由火山上覆盖珊瑚礁而成。最高处为卡奥岛（Kao）上的一无名火山头，海拔1033米。在汤加王国萨洛特女王三世（Queen Sālote）的诗歌'Otu Motu中有这样的形容，远眺主岛附近环绕的列岛，就像一列"舰队停泊在岸边"。就其岛屿的走向来说，汤加群岛所包括的两列平行群岛大致为东北—西南走势，其中东侧为珊瑚群岛，西侧是若干火山岛。这种环绕的列岛，也就是女王诗歌中所说的一列列舰队停泊在岸边吧。

▲ 汤加列岛

▶▶ 汤加塔布岛

　　汤加旅游资源丰富，拥有热带海滩、热带雨林、活火山，以及理想的潜水地点，旅游业近年来发展迅速，该行业收入已成为仅次于侨汇收入的主要货币来源。但是汤加工业基础薄弱，近年来在国家政策引导下有了一些发展。汤加和其他太平洋岛国一样，经济总量小，市场开放，很容易受到国内和国外不安定因素的冲击。纵观汤加渔业年产值，其发展较为滞后，与其海洋立国的战略不相吻合。

　　汤加对外贸易运输的主要方式是海洋运输，百分之九十的进口商品、百分之六十的出口商品经由海运。出口以农产品和海洋水产为主，出口市场为新西兰、美国、澳大利亚，以及汤加周边国家。汤加除少数自产的根茎食品外，小到针头线脑，大到机械设备，均需进口，国际贸易逆差巨大，进口来源地主要是新西兰、斐济等周边国家和中国、日本、新加坡等亚洲国家。

▲ 汤加绚丽多姿的天空和云彩

▲ 汤加美丽的夕阳

　　汤加各岛之间货物运输以轮渡水运为主，全国共有6大港口，汤加塔布岛的萨洛特女王港口和瓦瓦乌岛的纳阿夫港口为集装箱港口，可停泊国际远洋货轮，其他在哈派、埃瓦及纽瓦岛的港口规模很小，负责国内各岛之间的运输服务。各港口的基础设施条件较落后，货物装卸效率较低。

　　其中汤加塔布岛的女王萨洛特港陆地面积为12.7公顷，约有2.8公顷储运面积，有2个停泊位，长度分别为94米和110米，可停泊游船、货船、军舰、渔船等，货物吞吐量为1.2万个集装箱，在2022年的汤加海底火山爆发导致的海啸次生灾害中，集装箱都遭到了重创和损毁。瓦瓦乌岛的纳阿夫港每年吞吐的货物量为2万吨左右。汤加同澳大利亚、斐济、新西兰、萨摩亚、日本等国之间有定期班轮。汤加国内的货船运输能力较小，班轮运输周期一般为每周一次。汤加政府使用中国政府的优惠贷款兴建了乌那码头，可停靠大型豪华游轮，中国政府多次向汤加提供援助，对其货运和客运码头实施改造升级。

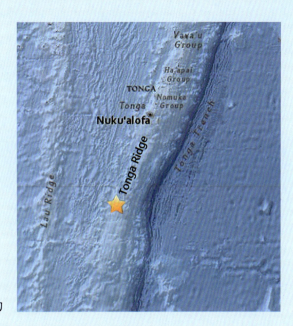

▶ 汤加海沟

▶▶

汤加海沟

　　汤加海沟东侧列岛，主要是石灰岩为底座的珊瑚礁岛，大都地势低平，一般海拔不超过30米，多处形成巨大的海沟较为倾斜，被称为"汤加海沟"，与南方的克马德克海沟相连，是世界上最深的海沟之一，最深处达10882米。世界上最高的海底山脉就在汤加海沟西侧，与其落差为8690米。在右侧的示意图上可见，自北而南依次为瓦瓦乌群岛、哈派群岛、汤加塔布群岛，右侧即为汤加海沟（Tonga Trench）。

　　太平洋板块在此向西俯冲，俯冲板块上部下插到一定深度后就要发生脱水，产生部分熔融，形成岩浆，岩浆烧穿海洋地壳，再从海底喷发出来，形成岛链。汤加板块的特点意味着这个区域应当储藏一定的矿产资源。

▶▶ 哈派群岛

中部的哈派群岛面积约119平方千米，包含利富卡岛（Lifuka）、诺穆卡岛（Nomuka）等62个岛屿，分为东西两列群岛，东列群岛是南北走向的堰洲岛，由堡礁、环礁湖、珊瑚浅滩以及一些活火山组成，大部分是地势低平、逼近海平面的环状珊瑚岛，这些环礁和暗礁，给附近航海交通带来相当大的危险。

哈派群岛上盛产椰子和香蕉等，是最具有太平洋田园风光韵味的群岛，因航空输送人数不多，交通略显不便。

▶▶ 瓦瓦乌群岛

最北方的瓦瓦乌群岛面积约143平方千米，由乌塔瓦瓦乌岛，及南边的小岛群组成。

瓦瓦乌群岛是在地质时代由地壳运动形成的，北部隆起露出海面，南部没入海面，使得南岸地带形成许多宽阔的海湾。

前往瓦瓦乌群岛的游客，尤其是高端游客，占了汤加国内外游客的大部分，成为汤加旅游收入的重要来源，亦成为国民经济的重要支柱。瓦瓦乌群岛的样子，像极了一只乌贼，而夏威夷群岛的外形，也形似一个八爪鱼，也正应了岛国的海洋文化形象。

◀ 月上椰梢头

▲ 汤加塔布岛西南的马普阿维阿遍布着连绵两三千米的海岸线喷潮洞

喷潮洞，即汤加塔布岛西南的马普阿维阿喷潮洞（Mapu'a 'a Vaea Blowholes），连绵几千米的海岸线上，巨浪会在海水的激荡下直冲进礁石下面的罅洞，在喇叭口的汇聚下，白色水柱就会喷涌而出，形成数米甚至十几米高的水柱，在阳光的照射下，宛若彩虹，光耀夺目，煞是好看。

　　据说喷潮洞这种奇妙的景象只有在太平洋隔岸的南半球才看得到，在北半球是见不到的，而且因为中南部海岸线绵长，喷潮洞在汤加尤其美丽和著名。汤加这些独特的珊瑚群岛被海浪经年累月地冲蚀着，在疏松的地方容易形成密密麻麻的洞孔，从下端通入，就会从上面无数个出口里喷涌而出，形成汤加独特的自然景观——"喷潮洞"。

位于汤加塔布岛南岸的喷潮洞与萨摩亚的萨瓦伊岛（Savai'i）喷潮洞齐名，是南太平洋独有的奇观。绵延几千米的海岸线珊瑚礁林立，每当涨潮时，惊涛骇浪汹涌地拍向海岸，海水顺着礁石中成千上万的大小洞穴竞相喷涌而出，在空中形成数十米高的水柱，令人叹为观止。

▲ 汤加塔布岛西南的马普阿维阿遍布着连绵两三千米的海岸线喷潮洞，静若处子、动若长虹

▲ 晚风归棹：美丽的瓦瓦乌港口

第三章

汤加火山，
崭新国土

火山画里的岩羊和鳝鱼会复活
麦场和高高的庄稼垛子会复活

倾斜的草坡和平缓的山谷沉睡
它们在等待下一场嘹亮的夜火

　　地球偶尔也会发"脾气"，汤加地处太平洋板块与澳大利亚板块相向运动的最前沿，东侧的太平洋板块向西俯冲下沉、西侧的澳大利亚板块向下挤压，在地震、火山活跃期就会产生极大的动能。2022年1月，汤加火山爆发时，大量的火山渣、火山灰和翻腾而上的水气，瞬间喷射而出，强烈的冲击波也在短时间内传遍了全球，可谓"汤加一咳嗽，地球抖三抖"。

洪阿汤加–洪阿哈派岛海底火山喷发

2022年1月14日开始，洪阿汤加–洪阿哈派岛（Hunga Tonga–Hunga Ha'apai）海底火山剧烈喷发，大量火山灰、气体与水蒸气形成巨大云团升腾至20千米的高空，汤加全境空气质量受严重影响。火山喷发在芒果岛（Mango）引发了最高超过2米的海啸，海啸到达距离震中65千米的汤加塔布岛后仍然保持在1米多的高位，导致汤加王国首都区受灾严重。

▼ 汤加政府大楼上覆盖着厚厚的火山灰，远处王宫的颜色也变得灰暗

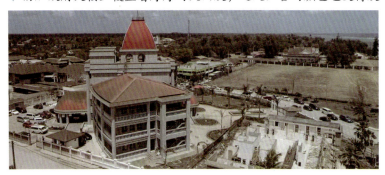

▶ 被火山灰覆盖的汤加地表

▲ 汤加首都区北部主干道乌纳路靠海一侧的护堤都被海啸摧毁，一片狼藉

▲ 汤加政府大楼前几道深深浅浅的车辙，路上很少行人，人们都居家躲避火山爆发带来的空气污染

▲ 自北向南可见汤加首都努库阿洛法的建筑都被火山灰覆盖

▲ 自西向东汤加国家会议中心、TANOA 国际日期变更线酒店、日本大使馆都被火山灰笼罩

▲ 汤加王宫火山爆发前庄严肃穆的汤加王宫

▲ 汤加王宫火山爆发后遭遇海啸和火山灰　　Mary Lyn Fonua 摄

▲ 洪阿汤加－洪阿哈派岛从北往南看熔岩蜿蜒冷却和火山口潟湖

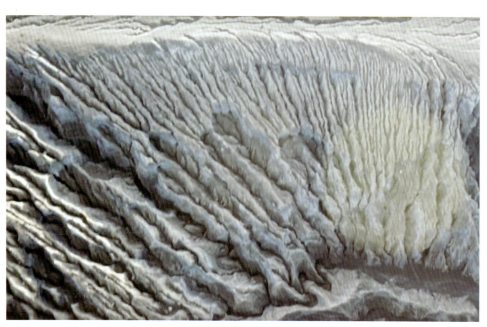

▲ 洪阿汤加－洪阿哈派岛火山熔岩蜿蜒冷却后的石林

▲ 洪阿汤加－洪阿哈派岛从西往东看火山口潟湖

▶▶ 国际援助

澳大利亚、新西兰、日本和美国等环太平洋国家先后发出海啸警报。联合国秘书长安东尼奥·古特雷斯发表声明对影响汤加的火山喷发、海啸等表示深切关注。此外，中国、澳大利亚、新西兰、日本等也都密切关注局势，并提供了相应的支持。

2022年1月19日，习近平主席就汤加火山爆发造成严重灾害向汤加国王图普六世致慰问电，表示中汤是相互支持、守望相助的全面战略伙伴。中方愿为汤方提供力所能及的支持，帮助汤加人民战胜灾害，重建家园。国务院总理李克强也向汤加首相索瓦莱尼致电慰问。中国政府派出的除夕出发、元宵节抵达的舰艇编队，在连续航行5200多海里后，成功将饮用水、应急食品、发电机、水泵、电锯、移动板房等价值2000万元人民币的1400多吨物资送抵汤加。

▲ 62 名芒果岛难民庆祝劫后余生的合影

▲ 灾后的汤加乌纳国际码头

▲ 码头上停靠着澳大利亚和新西兰的救援船

▲ 汤加王国政府分发援助物资

在多次飓风中没有受到损害的基础设施，以及汤加塔布岛北部滨海的道路和环绕的列岛，几乎都被火山爆发引发的海啸彻底摧毁。海啸还淹没了内陆，这在过去几十年甚至近百年的飓风和热带灾害中从未发生过。因此汤加的海滨和海岛需要进行大范围的恢复重建，并进行尽可能地升级，以防止后期可能发生的次生灾害。

▲ 汤加王国政府分发援助物资

▲ 灾民领取国际救援物资

　　汤加火山频繁喷发并引发海啸，引发了全世界对汤加王国的关注，人们为汤加祈福。灾害也在提醒着我们，作为大自然之子，我们更应该携起手来，勠力同心抵御疫情和灾害，来赢得全人类恒久的福祉。

火山爆发后产生的新陆地国土

本次洪阿汤加–洪阿哈派岛火山爆发后，汤加王国产生了最新的陆地国土。火山喷发前，该岛还是隔海相望的两个独立岛屿，在2015年的火山爆发中连接在一起，火山口处浸入海水，形成一个美丽的爱心形状的潟湖。火山爆发前的洪阿汤加–洪阿哈派岛，像一只浮潜的鲸鱼，又像一只觅食的戴胜鸟。

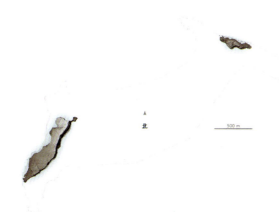

▲ 2015 年火山喷发前的洪阿汤加 – 洪阿哈派岛

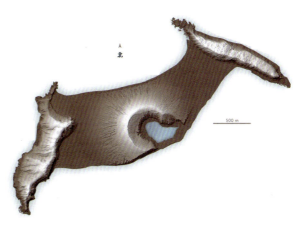

▲ 2022 年火山喷发前的洪阿汤加 – 洪阿哈派岛

▲ 2022年火山喷发前的洪阿汤加－洪阿哈派岛（图片来源：汤加风网站）

富努瓦福欧岛（Fonuafoou）上曾发生过地震和火山爆发。历史时期的火山地震活动，曾令当地的居民不得不迁居和分散到其他岛屿。富努瓦雷岛（Fonualei，海拔260米）上次火山喷发的时间是1985年，政府曾强制人群疏散。除此之外，拉蒂岛（Late）和托富阿岛（Tofua）也曾有火山活动。位于海平面下的法康邦克海底火山，有记载分别于1885年、1896年、1927年、1955年火山爆发后先后露出海平面四次，但每次露出后均在海浪的冲击下消失在海平面下。

2019年10月开始，拉蒂岛重新进入了喷发活跃期，在为期二十天的喷发过程中，形成了一个100米宽、400米长的新岛，露出在海面上，新的拉蒂岛是原岛面积的三倍。这让最近于1995年的一次喷发而形成的拉蒂岛再一次迅速增加了面积。

汤加火山

名称	海拔（米）	位置（经纬度）	爆发时间
洪阿汤加 – 洪阿哈派岛	114	175.38°W,20.57°S	2022
Home Reef	−10	174.775°W,18.992°S	2006
无名岛1	−300	174.365°W,18.325°S	2001
无名岛2	−13	175.53°W,20.85°S	1999
Metis Shoal	43	174.87°W,19.18°S	1995
纽阿福欧岛	260	175.63°W,15.60°S	1985
Cura coa	−33	173.67°W,15.62°S	1979
陶富阿岛	515	175.07°W,19.75°S	1960
富努瓦雷岛	180	174.325°W,18.02°S	1957
富努瓦福欧岛	−17	175.42°W,20.32°S	1936
无名岛3	−500	175.65°W,21.38°S	1932
拉蒂岛	540	174.65°W,18.806°S	1854
阿塔岛	382	176.18°W,22.15°S	休眠火山
卡奥岛	1033	175.03°W,19.67°S	休眠火山
纽阿托普塔普岛	157	173.74°W,15.96°S	休眠火山
塔法希岛	560	173.72°W,15.85°S	休眠火山

（资料来源：维基百科）

第四章

衣食住行，
汤加味道

棕榈油胡椒粉和桌盐
卷心菜大木薯和芋头

椰子汁青香蕉和可可
三文鱼椰奶块和刺身

　　汤加的食物极富波利尼西亚特色。民以食为天，说的就是汤加吧。在汤加，没有任何一件事会比吃饭更重要；是的，没有任何一件事。所有的美食都是大份的，比如汤加路边店林林总总的冰激凌就是这个热带岛国的全民最爱，我曾经点过一份冰激凌却没有吃完，那是我人生中仅有的一次浪费甜食的经历：因为汤加店里的冰激凌真是"超级巨无霸"了。

汤加的各种资源相对丰富，但经济总量偏小，受自然环境的制约非常明显。一是渔业，调查显示汤加附近海域有大量金枪鱼群经过，可以为渔业发展提供强有力的支持。二是林业，汤加国土的35%被森林覆盖，可以大力发展椰树种植园，而森林可以成为很有潜力的木材来源。随着20世纪末全球经济一体化的发展，汤加也慢慢融入这个大潮中。汤加经济主要依靠农业、渔业、旅游业和国外汤加侨民的汇款，来实现国民日常生活的开支。

▼ 汤加农业展览会展品（一）

▲ 汤加农业展览会展品（二）

▲ 汤加农业展览会展品（三）

▶▶ 衣

与其自然环境相适应的，汤加民众的服饰也有着典型的南太风情。

2018年平昌冬奥会汤加旗手皮塔·塔乌法托法，给世人留下了深刻的印象。全身涂满棕榈油的皮塔在零下5摄氏度的平昌冬奥会开幕式上，大秀肌肉，在灯光的照耀下，更显示了这个太平洋岛国岛民健硕、健美的体型。

▼ 2018 年平昌冬奥会汤加旗手皮塔·塔乌法托法

▲ 奥运会汤加旗手皮塔·塔乌法托法先生英姿勃发，也为汤加灾后重建摇旗呐喊

▲ 汤加女士身着民族服饰舞蹈（一）

▲ 汤加女士身着民族服饰舞蹈（二）

　　汤加人的舞蹈天赋极高，他们的嗓音也好，歌声高亢、音域宽广，同时体格健壮。有几波大的舞蹈表演，表演者浑身会涂满棕榈油，观舞者要及时上前粘贴现钞，一直到身上贴满了，后上去贴钱的人就只能"天女散花式"地扔钱了，然后小花童会上前将钱捡到专门的小篮子里，这些钱会被赠送给新人或者族人中最尊贵者。舞蹈极其劲爆，大方、庄重，同时可欣赏性极强。

汤加人的衣服大都是用树皮做的，叫"咖图"（ngatu）。男女服饰很相像，通常是用一片大约两米宽、两米半长的布包裹住身体，中间的腰带或用同样的布料制成，或用椰子纤维拧成，系在腰间，系上后裙子大约到小腿中部，或是一直到脚踝。一般来说腰带处会塞上多余的布料，天冷时可以拉出来，一直盖到肩膀和头部御寒。

穷人用不起那么长的布料，通常只是用一块很窄的布从胯下围过来系在腰间，还有一些平民只是穿一件用树叶做的衬裙。

▲ 汤加女士的"树皮"衣服

▲ 汤加学生运动会上穿民族服饰的女生

▲ 汤加男士身着民族服饰（一）

▲ 汤加男士身着民族服饰（二）

▲ 汤加女士身着民族服饰（一）

▲ 汤加女士身着民族服饰（二）

除此之外，还有"塔奥瓦拉"（Taovala）和"基基"（KieKie），这是一种围在腰间的草席，通常在正式场合穿着，如举行婚礼、葬礼、祈祷仪式、盛宴、生日聚会等，无论男女都要用草席裹腰，以示尊重，其样式也有很多种。然而参加葬礼时要穿上又破又旧的"塔奥瓦拉"，如库克船长曾见过国王参加葬礼时穿得"塔奥瓦拉"就非常破旧。

▲ 汤加国葬时期人们都身着传统服饰

▲ 汤加市场上的传统服饰

▲ 身着传统服饰的女性　　　▲ 汤加妇女身着传统服饰

▲ 我国援外支教老师身着民族服装与汤加学院校长 Latu（右三）和副校长 Tesia（左三）合影

汤加男性身材高大，肌肉发达，肩膀宽阔；女性五官端正，身形看起来强壮。他们的衣服有的上面有星星、半月形、小方块等图案，装饰以贝壳串珠、红羽毛等，还有的是用深棕色或白色的布料做成花边，在特殊场合时上面装饰的东西会更多。在汤加，无论男女都经常佩戴饰品，最常见的是用气味香甜的鲜花或是用成熟的露兜树果子、海拉拉花等串成的项链，在盛大的欢宴上，很多人都带着纸币项链、卡瓦粉项链。

其他的有用小贝壳、种子、小鸟的翅膀或腿骨、鲨鱼的牙齿、珍珠母贝碎片制作的项链，也偶见有个别项链用由鲸的牙齿做的小人或小鸟的雕像串成。

用龟壳做成的戒指和手镯、用鲸牙齿或竹子做成的耳环也很常见，都有着浓郁的海洋气息和波利尼西亚风情。

▲ 汤加学院成立 137 周年庆典时，老师戴着卡瓦粉项链

▶▶ 食

　　汤加王国的土壤质地疏松，在低纬度热带地区，火山灰的滋养有助于生产纯正的有机农产品，如香蕉、菠萝、椰子、西瓜、木瓜等热带水果及少量蔬菜，口感都非常不错。

◀ 汤加塔拉马乎菜市场北侧的木薯、
　芋头、山药、香蕉市场

▶ 汤加塔拉马乎菜市场的当地蔬菜

▲ 汤加农业展览会展出的红薯

▲ 汤加农业展览会展出的紫薯

　　其他大宗的农产品还有生姜、黑胡椒、可可等。木薯、芋头等根类作物的种植，则是汤加国内传统食物的重要组成部分，其地下茎粗大，是最重要的主食来源。

▲ 汤加农田中种植的西红柿

▲ 汤加王国宴会

乌慕（UMU）是汤加王国宴请尊贵客人的烧烤类食物，汤加当地人宴请客人，最隆重的礼仪就是举行"全猪宴"。

与BBQ（烧烤）午餐相较而言，乌慕的餐品种类之丰富，远超出来访客人的想象。海鲜有螃蟹、大虾、贝壳类、三文鱼椰奶块、金枪鱼刺身，肉类有牛肉、羊肉、培根……还有令人垂涎欲滴的烤全猪，这种最初由地下简易土炉烧制的乌慕晚餐，有着烧烤的特殊香味，香而不腻、口感较好。

在整个太平洋的国家和地区，乌慕都是极为盛行的超级盛宴。在乌慕聚餐的时候，食物可能是餐厅供应的，也可能是参与聚会的朋友们自己备齐后带来的，但食物的种类和花色，一定会令人眼花缭乱。有人带来小朋友最爱吃的糖果和糕点，有人带来威士忌、伏特加、金酒甚至中国白酒。干红葡萄酒、干白葡萄酒、果味起泡酒等低度酒都是广受朋友们欢迎的，而人们在现场调制的各色鸡尾酒，又给聚会增加了若干的色彩和情调。

▲ 汤加王国"全猪宴"中的菜品

　　在两百多年前，当库克船长和他的船员们到达汤加时，恰好遇到岛上的部落庆典，他们去参加岛民的乌慕盛宴，受到酋长的热情欢迎，并被延引为座上宾，因之"友谊之岛"的名声也就不胫而走。款待客人的烤乳猪，制作过程也较为复杂，所用的原料以长成三四个月大的小猪最佳，这也使得小猪仔供不应求。在火上烤三四个小时后，小乳猪的肥肉都会滴出油，而皮则烤得脆脆的，用手一掰即碎，咬下去满嘴留香。

　　现在的汤加人改良了他们的UMU土灶，在议会大厦附近的公开游览区，就有若干用砖和沙砌成的灶台。火烧旺以后，人们将包在锡纸或香蕉叶中的食材放进灶中焖制，三四个小时之后，散发着特殊植物香味和肉香的乌慕，也就热气腾腾地出炉了。

▶▶ 住

　　汤加王宫（The Royal Tongan Palace），是全球最美丽的王宫之一，具有典型的维多利亚式别墅建筑风格。汤加王宫的屋顶是红色的，整个建筑是白色的，楼高3层，楼前有绿色的草地，显得美丽而和谐。王宫由汤加国王乔治·图普一世修建，初建成于1867年，面海而立，红顶白墙，掩映在苍翠的树林中，既端庄又恬静。一面有红十字徽的汤加王国国旗飘扬在王宫上空，汤加王国的国王都是在这里登基加冕的。1951年英国向汤加赠送了一把椅子，放在枢密院会议室中。1953年底，英国女王来到汤加小住了两天。在萨洛特女王三世时期，英汤关系非常密切。

▼ 汤加海滨美丽的王宫

▲ 汤加房屋法雷（Fale）的手绘画

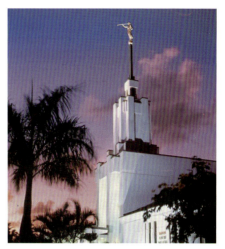

▲ 汤加摩门教学校标志

▲ 汤加王室教堂

▲ 墓地就在汤加人的房前屋后陪伴

在过去，汤加的民宅大多由硬木支撑，墙壁用芦苇扎成，各部分之间不用钉子，而是用由椰子纤维制成的绳索打结固定，房顶盖上甘蔗叶或椰子叶，叶片的纹路向下倾斜，便于雨水流下。

▲ 汤加国王图普六世继位时，我外交部门和主席特使下榻的宾馆，在 Fanga 潟湖北岸，具有浓郁的岛国滨海宾馆特色

▲ 美丽的瓦瓦乌教堂

▲ 汤加邮局

现在城乡的房子主体大多用木头建成，房顶则是用瓦楞铁板铺就；在院落的四周，当地人都喜欢在房子周围种上一些能散发香气的树木，因此村子里一年四季都香气袭人；但檀香木大部分都被砍伐一空，天然檀香树已经"一树难求"，只可见零星的人工种植的檀香树。汤加人的墓地都在自己所居住的社区，很多就在自己的房前屋后，也有一些是在海边。他们的墓地被鲜花绿草簇拥着，反而衬托出其乐融融的怀思氛围。

汤加的民宿和宾馆的规模都很小，只有塔诺阿国际日期变更线大酒店（Tanoa International Dateline Hotel）有近百个房间，其他的宾馆都较为简陋，但"麻雀虽小，五脏俱全"，汤加的民宿和宾馆大部分都可以做饭，并且很多宾馆都拥有自己的小游泳池，近海边的宾馆更是拥有天然的海洋泳池，胆大的游人可以冲浪。

▲ 汤加宾馆都会有大大小小的泳池

▲ 汤加民宿价格非常昂贵

▲ 汤加民宿内景

▶▶ 行

汤加旅游业还处于小规模、原始化经营的状态，基建、道路、住宿、餐饮等都未到位。限于当地的旅行社、旅馆的接待能力非常有限、交通条件也非常落后，所有国内旅客必须经由中国香港或日本、韩国、澳大利亚、新西兰先飞抵斐济，二次转机后才能到达汤加。

新冠疫情暴发前汤加官方宣称年度旅客超过五万人，主要来自新西兰、澳大利亚以及斐济等南太平洋其他国家，还有欧美国家，但中国游客并不多。除汤加塔布岛之外，中国公民旅游目的地反而是外岛——瓦瓦乌岛。作为观鲸胜地，瓦瓦乌的中国游客与来汤加塔布岛的客人总量持平，约为一千五百人到两千人的规模。并且其游客的人数波动很大，2016年12月"歌诗达·大西洋号"游轮抵达汤加王国，其中仅中国游客就有两千多人，是汤加历史上接待外国游客人数最多的一次，汤加王储乌卢卡拉拉亲临码头，对中国旅游团表示欢迎，并用汉语祝中国朋友快乐。

就汤加当地人而言，渔船、轮渡是较为经济的交通工具，同时也可以出海捕鱼以获得经济利益。

▼ 汤加渔船

▲ 汤加人极少骑自行车

公共汽车从首都区发车到郊区较为规范，但是出租车相对较少，并未形成客运规模。由于汤加接手的西方二手甚至多次转手的汽车较多，也造成了废旧汽车处理的难题，首都区MauFanga就有汽车太过陈旧而无法更换，导致报废汽车堆成了小山，最后竟然用焚烧的方式来销毁。

▲ 汤加街头屈指可数的出租车

▲ 汤加 Real Tonga 航空公司的飞机

飞机是汤加人出国唯一的交通工具，因为客运人数规模太小、距离其他国家的路程太过遥远，所以机票价格非常昂贵，导致汤加人外出的机会极少。由于天气炎热且路边很少有绿荫，汤加人极少骑自行车外出，所以见到骑自行车的人，大家都会觉得很惊奇。

第五章

汤加植物，
花事荼蘼

这是上帝小憩的后花园
也是精灵们的椰树丛林

海水在波浪的呢喃睡去
阳光陪伴着蝴蝶鱼跳舞

  在汤加生活的每一天，鲜花都会铺满海岸的
两边和马路的两边。哪怕是在汤加的干季（即冬
季），气温也能够保障鲜花如期盛开。汤加有一些
非常特别的植物，开着非常奇特的花；有着奇妙的
汤加名字，在拉丁文里面很难找到对应的词汇。在
汤加的花语中，关爱、慈善、共享、智慧、敬主、
友谊……都是其中的关键词。

跟所有的波利尼西亚国家和太平洋国家一样，汤加有一个显著的特征，这里的城市和村野到处都盛开着茂盛的花朵。

　　五星花、朱缨花、结香、肿柄菊、假马鞭草、紫叶蓖麻、细叶旱芹、蟛蜞菊、散尾葵、旅人蕉、蝎尾蕉、金苞花、阔叶半枝莲、马缨丹、龙船花……光听一下名字，你就仿佛置身于一片花海中……

　　热带花卉是汤加一道靓丽的风景，因为得天独厚的自然环境，汤加的鲜花是一年四季常开的，汤加花卉种类繁多，花型奇特、香味扑鼻、五彩缤纷，各种花香都得到了汤加人的喜爱，他们采用的身体乳、香皂等都有着独特的香型。由于植物的可塑性，一些在温带及亚热带地区常见的花卉在汤加也表现出良好的适应性，到处可见蓬勃盛开的花卉，而四季不败的鲜花，也时常见于汤加人的发间，成为一道风景，靓丽又芬芳。

　　另外长春花、凤仙花、松叶牡丹、龙船花、四季海棠、鹤望兰等，都是汤加人房前屋后常见的花卉。

▼ 汤加路边美丽的热带花卉

马缨丹是马鞭草科、马缨丹属的植物。它是一种或直立或蔓生的灌木，高1—2米，有时是藤状，长可达4米；揉捏后会产生刺鼻的气味。叶子大部分呈椭圆形。全年开花。马缨丹喜欢温暖、潮湿和阳光充足的地方。它耐旱、略耐荫，但不耐寒，马缨丹对土壤质量要求不高，生长于肥沃疏松的砂土。它可以全年在南太平洋的热带地区生长。原产于美洲的热带地区，后来广泛分布于世界热带地区，也是优良灌木树种。马缨丹叶及未成熟果实具有毒性，人畜误食会中毒，其叶有杀虫作用，可用于制造生物杀虫剂。

▲ 马缨丹

五星花是一年生的缠绕草本，五星花外形似五角星，在中国，花期从农历八月至霜降，但在汤加却常年盛开。五星花花瓣较小，有点像喇叭花，但花冠呈高脚碟状，深红色或淡红色的花冠长约一指，层层叠叠，拥簇在一起。

▲ 五星花

▲ 阔叶半枝莲

　　阔叶半枝莲就是我们常说的马齿苋，是一种常见的匍匐草本植物，可以在海边的沙滩上、在林荫的草地中看到。疏于管理的汤加农田里，也到处可见马齿苋。在汤加等温暖地区，它是多年生植物，茎呈鲜红色和紫色，茎的基部和分枝向外延伸，可达周边45厘米的半径，大的冠幅宽度可达近半米；叶是互生的，顶叶对生或三叶，肉质，汤匙形或倒卵形状，有绿色和杂色的花骨朵。这种花是顶生的，每根茎上有几个花蕾，但每根茎每天只能开一朵花，而且花的形状是单一的，花瓣大部分呈红色、橙红色、桃红色、黄色、白色等颜色，气候温暖的地方较易发现，不怕高温，在草地和荫凉处都能看到。阔叶半枝莲是一种需要强日照的植物。如果阳光不足，就会导致枝叶脱落、过度生长、开花不良，甚至不开花。它对于土壤要求不严格，但汤加沙质土壤富含有机质，非常适合马齿苋的生长。其花型美观、简单易活、扦插方便。

金苞花是爵床科金苞花属植物。常绿灌木，金苞花花柱能高达1米，穗状花序顶生，花长达10厘米—15厘米，金黄色的苞片可保持2—3个月时间不败，极具欣赏价值。金苞花原产于美洲热带地区的墨西哥和秘鲁，在我国南方的亚热带地区多有栽培。金苞花叶色亮绿，花序苞片排列紧密、黄色，花白色素雅，花型别致，整个花序形如金黄色的海虾，花期长，观赏价值高。性喜高温、多湿及阳光充足的环境，不耐寒。喜排水良好、肥沃的腐殖质土或沙质壤土，汤加人喜欢将其栽种于庭院内外。

▲ 金苞花

▲ 肿柄菊

肿柄菊是菊科、肿柄菊属植物，一年生草本，高2米—5米。茎直立，有粗壮的分枝，被稠密的短柔毛或通常下部脱毛。叶卵形或卵状三角形或近圆形，头状花序大，原产墨西哥，因为其气味较为特别，庭院中较少种植，多生于路边和荒地。肿柄菊茎叶或根入药，有清热解毒，消暑利水之效，可用于治疗肝炎、黄疸、膀胱炎、青春痘、痈肿毒疮、糖尿病等。

▲ 红色的龙船花　　　　　　　　　　　▲ 黄色的龙船花

　　龙船花为茜草科龙船花属植物。植株低矮，花叶秀美，花色丰富，汤加龙船花有红、橙、黄、白、双色等多种颜色。株形美观，开花密集，花色丰富，是重要的盆栽木本花卉，也是缅甸的国花。在广西，人们习惯称它为水绣球。热带地区的龙船花花期较长，每年3月—12月均可开花。龙船花原产于中国南方地区以及马来西亚。在17世纪末被引种到英国，后传入欧洲各国及世界其他地区。花色丰富，终年有花可赏，花色鲜丽，景观欣赏效果极佳。

▲ 蝎尾蕉

　　蝎尾蕉、旅人蕉是汤加非常有特色的植物花卉。

　　蝎尾蕉的艳丽更是让人叹为观止。蝎尾蕉株型美观，花枝挺拔，特别是花序形状酷似蝎尾，让人忍不住靠前观看而又不敢亵玩，其独特的造型引人注目，目前是国际上流行的高档新潮花卉。蝎尾蕉原产热带地区，喜温暖、湿润的环境，是重要的观赏植物。株高可达近三米，叶片长圆形，叶面绿色，叶背亮紫色；顶生花序，直立，薄被短柔毛；苞片绿色，开放时突露，花被片红色，色彩鲜艳，既有警示意味，又显眼大气。

▲ 旅人蕉

　　旅人蕉的树干像棕榈树一样排列，高可达5米—6米，外形高大壮观。茎顶上有两排叶子，像一把大扇子一样，叶子呈长方形，像芭蕉叶。从远处看，旅人蕉就像孙悟空的芭蕉扇，在这个炎热的夏天为旅行者提供一丝荫凉。事实上，当旅途劳累的人口渴时，他们也可以用刀刺穿叶柄的底部，就能够喝到水，旅人蕉由此得名。

　　旅人蕉原产于非洲马达加斯加岛，是园林绿化的重要树种。每一片蕉叶子的生命都非常神奇和有趣。通常，每个成年茎有20—22片大叶。由于叶柄弯曲角度受地心引力的作用很大，两端叶片不利于连续生育和养分运输的补充。因此，叶子的枯萎一般都是从左右两侧开始，枯萎下垂一段时间后，自行折断。

　　对于较老的旅人蕉来说，在其高而直的茎顶两侧，经常可以看到残余的叶柄基部断裂。那些种植在花园里的旅人蕉则会被人工锯下，变得整齐美观。

▲ 汤加人爱好头戴鸡蛋花

　　大路边随处可见的观赏植物，如芙蓉花、鸡蛋花、三角梅和茉莉花，装点着热浪翻滚的汤加各岛屿。为表达对尊贵客人的敬意和欢迎，汤加人会把用各种现摘的鲜花编织成的花环，挂到来访客人的脖子上。鲜花的种类非常多，经由汤加人手工编织，成为更加精美的饰品。在大型宴会上，不论宾主，所有参加者都会席地而坐。男人们头上、身上戴着各种饰品，腰间系着"拉伐拉伐"草裙，或再围一条腰席作为迎宾的盛装。而妇女们则都在头上、颈上戴上各种鲜花，以作为待客之礼。

从沿海物种演变而来的内陆物种，如紫色的马鞭草，到不知名的海水散漫的沼泽区域散布的绿色水果，到鸟类食用的红色或紫色水果，都是在新的栖息地中扩散的适应性花卉。

但是如果你想要咨询当地人，关于某种不知名花卉的名字，你一定要有心理准备，因为他们或者会告诉你，这是一种花，或者会告诉你一种你在植物学词典上根本查不到的名字。当然因为沿海的植物必须能够耐受和抵抗盐碱、微咸的地下水，以及长时间或者短时间的海水淹没，所以它们大多数还是以木麻黄和各类岩石草、露兜树、红树林为主，如马鞍藤（海滩牵牛花）、海滨豇豆（沙滩豌豆）和海滨刀豆等，都较为常见。

在汤加檀香木尚普及的年代，当时的人们用之于建筑房屋、搭建柱子和雕刻工艺品，以及用于木材和斧柄。而在斐济，则有一种相关的夏威夷特有树种——相思树（Acacia koa）。它是其内陆森林的主要树种，也多用于制造家具和手工艺品，这种优质木材资源因受到广泛使用而走向枯竭。

▲ 马鞭草

▲ 紫叶蓖麻

第六章

汤加动物，
无奇不有

盛宴长欢歌
七彩鹦鹉沐浴着瓦蓝的海水

悬崖夏海棠
纯金的果实打造远古的跫音

  汤加的海洋渔业较为发达，是重要的金枪鱼产区，其他海参、海藻等也是特色产品。虽然没有深度加工的海产品，但是汤加在海水培育珊瑚株、禁渔期保护近海海产品等方面的工作，都做出了巨大努力。汤加的狐蝠是世界上体型最大的蝙蝠，主体是黑色，也有白色的蝙蝠较为罕见。很多汤加动物都被印刷在汤加丰富多彩的邮票上，活灵活现。

▲ 汤加农业渔业部海水培养的珊瑚株，可以改善近海珊瑚生长速度慢的问题

　　靠海吃海，汤加王国作为海洋之子，渔业和旅游业是国民经济的重要支柱，汤加附近海域有大量金枪鱼群经过，可以为渔业发展提供强有力的支持；其他如海参、海藻也深受各地欢迎。汤加渔业年产值为千万潘加（汤加王国法定货币）左右，不及汤加国内生产总值的十分之一，但丰富的海洋资源，发展渔业潜力巨大。

汤加鱼类

鱼的身上可全是宝。

汤加海域的三文鱼、金枪鱼种类以数量巨大、经济效益高而受到渔业企业的青睐。三文鱼类包括太平洋鲑等，金枪鱼类包括鲣鱼、黄鳍金枪鱼、大眼金枪鱼和长鳍金枪鱼等大洋性鱼类。从渔获量和经济收益来看，长鳍金枪鱼占据了重要部分。

近年来由于大眼金枪鱼资源的和黄鳍金枪鱼的资源锐减，一些渔业国家和地区纷纷开始转向长鳍金枪鱼渔场的开发。长鳍金枪鱼是大洋性中上层洄游性鱼类、广泛分布于中纬度海域。海洋中的鱼类可以做成食物，贝壳可以做装饰品，鲨鱼的牙齿和鲨鱼皮可以用来做切割用的刀具或打磨用的工具。海龟肉可以食用，平民常献给领主享用，海龟壳则用来做梳子、戒指以及鱼钩等。鲸的牙齿常用作宗教用途，也有时用作和外国人交换的商品。

▲ 汤加近海渔业产品

▲ 鱼干

067

▲ 汤加邮票上的鱼类

▲ 汤加邮票上的贝壳

▲ 汤加邮票上的软体鱼类

　　在安静的南太平洋里，近海的珊瑚丛中游来游去的五颜六色的热带小鱼，令浮潜者乐不思蜀。其中有一种小丑鱼，小丑鱼是鲷科海葵的一个亚种，因为脸上有一两条白色条纹，看起来像京剧里的小丑，所以常被称为小丑鱼。这是一种生活在热带的咸水鱼。已知的物种有28 种之多。小丑鱼和海葵是最密不可分的邻居，经常是你中有我、我中有你，因此也俗称海葵鱼。

　　众多种类的热带小鱼栖息在浅水域珊瑚礁区的海葵丛中，与海葵共生。以浮游动物、小型甲壳动物及藻类等为食。广泛分布于南太平洋的热带海域，包括澳大利亚、巴布亚新几内亚、所罗门群岛、瓦努阿图、斐济、萨摩亚、汤加和一些不知名的小岛。

汤加蚂蚁

詹姆斯·K.威特勒曾长期跟踪研究南太平洋地区的蚂蚁，据其汇总和分析，汤加现有的蚂蚁种属有53种之多，其中存在6种汤加特有的蚂蚁物种。这些蚂蚁广泛分布于汤加的100余个岛屿上，包括汤加塔布群岛：主要是汤加塔布岛、埃瓦岛、奥内瓦伊岛（'Onevai）、庞爱莫图岛（Pangaimotu）；哈派群岛：主要是利富卡岛、卡奥岛、陶富阿、诺穆卡（Nomuka）、小诺穆卡岛（Nomuka'iki）、芒果岛、乌努卡哈哈给岛（'Uonu kahahake）、德莱给汤加岛（Teleki tonga）；瓦瓦乌群岛：主要是瓦瓦乌岛、努阿帕布岛（Nua papu）、卡帕岛（Kapa）以及纽阿斯岛（纽阿陶布塔布岛、纽阿富欧岛（Niuafo'ou））。

所以，在房前屋后，厨房餐厅，甚至餐桌上和床上，很容易发现蚂蚁的踪迹，如果你在食物里发现了蚂蚁，一定不要大惊小怪。

▲ 蚂蚁窝

汤加农田里的大头蚂蚁，是一种黑褐色中等体型的蚂蚁，其前颚锋利，非常容易咬破人的皮肤，接着注射入特殊的蚁酸，被咬的部位及周围会有剧烈的疼痛感，紧接着会有轻微的灼烧痛和巨痒感，被叮咬处会鼓起小包，根据个人体质的情况，小包会变大或变硬或变红，不排除短期甚至中长期毒性反复发作、出现瘙痒的情况，甚至个别严重者会出现头晕、心悸等典型过敏的情况。

被蚂蚁咬了之后该怎么办？在田间耕作要避免踩到蚂蚁窝，万一被蚂蚁咬了，请及时用清凉油、风油精、驱风油等止痒消毒，用香皂水和肥皂水冲洗患处。

狐蝠

汤加塔布岛上有一种名为狐蝠的蝙蝠，因为它的头部像狐狸的头部那样狭长，声调又长又细，所以被称为狐蝠。它是世界上体型最大的蝙蝠，体重达数千克，翼展有1米多，因为其体型庞大，飞行的时候经常伴随着呼啸的风，这让人感到阴郁、可怕。但事实上，狐蝠非常温柔，从不主动伤害别人。也许是因为拜他们笨重的身体之赐，这些狐蝠完全不喜欢运动。每当它们围绕着树飞了几圈后，就不得不停下来休息。当它们休息的时候，它们总是用爪子抓住树枝，垂下头一动不动。远远看去，人们甚至会认为这是大树所结的果实。

汤加塔布岛西北角的科洛瓦伊素有"蝙蝠村"之称，数以千计的狐蝠常年栖息倒挂在大树上，当地有些人有吃盐烤蝙蝠和喝蝙蝠汤的习惯。

▲ 科洛瓦伊的狐蝠

▶▶
蜈蚣

汤加的蜈蚣毒性较强，体长有近1米的，肢体刚硬，需要专门工具消灭，严禁用脚踩，以避免其攻击。如果被咬，要尽快到正规医院进行检查治疗，不要拖延病情，以免病情加重，错过最佳治疗时机。

▶▶
捕鱼猪

乘船前往外岛，一般也就半小时到一个小时的船程，岛上也形成了较为成熟的"一日游"和"多日游"旅游项目。汤加塔布岛上的菜市场和水产市场，大都散布在道路的两边，可以一窥汤加土著人的生活。其实在汤加吃喝玩乐的好去处有很多，如果想要体验真正的土著生活，游客也可以进餐馆和其他公共场所参观，体验"友谊之岛"称谓的真谛。与热情的汤加岛民相比，游客们还会看到满大街横行的海鲜猪（捕鱼猪）、百草鸡，以及无主狗，它们在大路上横行直冲，仿佛它们才是岛屿的主人。总之，在汤加的灌木丛里、沼泽地里、热带雨林里穿行，沾染了地气，你才会体验到真正的汤加风情。

▲ 汤加捕鱼猪

▲ 汤加人遛猪

汤加的小猪们在猎食地下根茎的时候有难度，而在海边却可以以鱼类、螃蟹、海贝和海草为生。这些小猪们被称为"海鲜猪"或者"捕鱼猪"，它们从小克服了对海洋的恐惧，每当退潮时，猪宝宝们能够非常娴熟地在海滩上自由觅食，而那些体形较大的成年猪则能够在更深的海水里捕鱼。在傍晚时分，能看到成群结队的小猪，每天都沿着海岸线捕鱼，尽管它们并不会游泳，但仍可以跳入海水中饱餐一顿。当然这些猪的肉质也会非常鲜美，成为汤加一绝。

百草鸡是指汤加本地居民饲养的鸡，几乎不喂饲料，而是任其在百草园中自行觅食。而无主狗是指汤加的狗大多为流浪狗和野狗，据统计，汤加塔布岛上有两万多条狗，都是无主的。汤加岛上很少有猫，所以有很多的老鼠横行。另外如果游客见到汤加人在遛宠物，一定要看清楚了，因为他们可能不是在遛狗遛猫，而是在遛猪！

汤加王国首都区努库阿洛法，在工作日常出现人声鼎沸、交通拥堵的现象，其喧闹的主街穿越过两侧低矮的层楼，在岛屿潟湖的西岸，可通往东部、南部和西部广阔的海滨地区。海滨路几十米甚至不到十几米处就是美丽的大洋，放眼望去，珊瑚岛屿、海"沼泽"红树林与你相隔潟湖相对，景色秀美而恬然。

▲ 汤加邮票里的猫头鹰

▲ 汤加邮票里的蝴蝶（一）

▲ 汤加邮票里的蝴蝶（二）

▲ 汤加邮票里的海龟

　　汤加邮票以形状征服全世界。汤加邮票不仅色彩和内容丰富，诸如人物、动物、植物、生肖，涵盖广泛，而且形状丰富。最具收藏价值的是汤加的异形邮票，除基本的方形邮票外，还有圆形、椭圆形、鸡形、鳄鱼形、三角形、十字形、水果形、动物形、房屋形、地图形等，甚至还有体育运动和名人剪影。只有你想不到，没有汤加邮票印不出的，汤加人笑称，世界上有什么事物，汤加就会有什么形状的邮票。

第七章

汤加风情，
岛国文化

草裙舞掠过烟熏浓妆的烈日
大风裹挟着海洋民族的盛情

铿锵的鼓点唤醒沉睡的沃土
远来的客人畅饮一杯卡瓦吧

作为孤悬海表的汤加王国，的确是一个世外桃源，因为衣食无虞、交通不便，大部分汤加人都没有要求变革的强烈愿望，而且目前仍然保留着诸多传统生活方式，比如还穿着用树皮制作的衣服，使用手工编织的篮子，下海打鱼、制作玳瑁、贝壳手工艺品等，都以一种舒缓的节奏存在于当前的国际风云变幻中，尽显王国古朴气质。

汤加国旗国徽

汤加国旗呈长方形，长宽之比为2:1。红色旗面，左上角白色长方形上有一个红色十字。红色象征基督所洒下的鲜血，十字符号代表基督教。汤加是基督教国家，有伦敦传教会、循道宗教会（自由卫斯理公会）、摩门教、耶稣基督后期圣徒教会等多种派别。有时候在一个家庭内部，虽然都信奉基督教，却也有多种不同派别的存在。

汤加人把星期日当作安息日，人们在这一天不得外出工作，并严禁在公共场所衣着暴露，否则会触犯当地法律。传教士非常重视安息日的圣洁，之前即使有岸上或船上的人来到教堂，也会被视为侮辱教会或会众，他将被绑住，并被处以罚款乃至更加严厉的惩处。受《最后的晚餐》的影响，汤加人忌讳"13"，认为"13"是不吉祥的，是会给人带来厄运和灾难的数字。

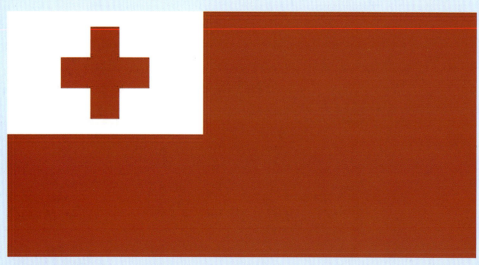

▲汤加王国国旗

汤加国徽的形状跟花朵有关。国徽的主体是由六个黄色花冠组成的盾形，盾面上有五组图案：正中的是一颗白色六角星，其中有一个红十字，是与国旗的十字一样的宗教标识；左上方为三颗白色六角星，象征组成该国的三大主要群岛；右上方是一顶王冠，象征汤加的王朝权力；左下方为一只衔着橄榄枝的白鸽，象征和平；右下方是三把剑，代表汤加历史上的三大王朝。盾形上端为橄榄枝环抱的大王冠，象征汤加是一个君主立宪国家；两侧各有一面国旗，下端的绶带上用汤加文写着"上帝和汤加是我最大的财富"。

◀汤加王国国徽

上帝和汤加同在的概念，也渗透进汤加学校的校徽里面，如汤加学院和泰鲁鲁学院的校徽里面都有这句话。

▲汤加学院校徽　　　▲泰鲁鲁学院校徽

欧洲人对群岛的有效接触，始于1773年至1777年之间英国著名探险家詹姆斯·库克船长的几次考察。库克称群岛为友谊群岛，因为原住民为他补充猪肉、蔬菜和饮用水必需品，对他热烈欢迎，从而获得"友谊之岛"的美名。

君主制国家

汤加为太平洋岛国地区唯一的君主制国家，其社会分层为王族、贵族和平民三个阶层。全国有33个世袭贵族头衔。国王为国家元首，长期执掌大权。汤加2012年以来实行政治改革，国王让渡国家行政管理大权和部分人事权，保留武装部队统帅、解散议会、否决议会提案等权力；枢密院不再是最高行政决策部门，改为国王的咨询机构。

作为改革后的新政府，其执政能力尚待实践和时间检验。有学者表示缺乏经验是汤加新政府的一个关键特征，让政府的改革几乎失败；各种迹象表明政府明显缺乏经验并没有起到帮助作用。正如他们自己所言，"缺乏效率，比如围绕一个明确的发展计划制定的预算，比如经济、日常的政府事务没有得到妥善的组织，甚至没有得到政府的推广"，"缺乏经验的表现贯穿了它的整个功能"。

▲ 汤加学院学校开放日，校友和学生家长代表发言、参政议政

▲ 中国驻汤加大使馆在传统节日期间都会举行招待会，宴请汤加王公贵族和政府要员，华人华商代表也被邀请与会，这是非常难得的文化交流活动

▶▶ 拉卡拉卡（Lakalaka）舞

拉卡拉卡（Lakalaka）舞，通常被视为汤加王国的国家舞蹈，是广泛存在于南太平洋岛国的通行舞蹈样式。拉卡拉卡实际上是舞蹈、讲演、声乐和复调音乐、作曲、当地传说和历史故事的特殊文化混合体，于2003年入选第二批联合国教科文组织认定的"人类口头和非物质遗产代表作"（后调整名称为"人类非物质文化遗产代表作"）。

拉卡拉卡一般出现在汤加王国国王加冕典礼或庆祝宪法周年等重要庆典活动，拉卡拉卡的汤加语意思是"轻快或者仔细、谨慎的舞蹈"，这种舞蹈最多时有上百名男子和妇女一起参加表演，男子成排地位于观众右侧，他们精力旺盛，显示出十足的男子气，像武士一样地跳舞；而妇女们则在左边以多变的手势和优雅舞步相呼应。

中国驻汤加大使馆在传统节日期间都会举行招待会，宴请汤加王公贵族和政府要员，华人华商代表也会被邀请与会，是非常难得的文化交融，会有中汤各种文艺活动和交流。

▲ 汤加传统婚礼仪式上的歌舞表演

　　对每个汤加家庭来说，最重要的两件事情就是举办婚礼和葬礼。在这两个场合中，人们都会互赠礼物，通常包括传统的塔帕织布和编织的席子。任何稍有纪念意义的公开场合，汤加人必身着传统盛装出席，或载歌载舞，或安静肃穆。

　　在人们出生、婚礼、葬礼以及其他重要场合，汤加草席都是传统的馈赠佳品。汤加人也把草席围在腰上，称作塔奥瓦拉，在汤加这是最为正式的服饰。据说该习俗来源于古时候，男人们从大海远航归来面见领主前，会将独木舟上的草席船帆割下来，围在裸露的身体上，以示尊重。精美的塔奥瓦拉尤其珍贵，会代代相传，有的能够留存几百年，而且越旧越凸显珍贵。

　　根据王敬媛《汤加》记载，萨洛特女王在其登基典礼上以及伊丽莎白女王来访时，身穿的塔奥瓦拉有六百年之久。

汤加人最初是在自己的田地里搭建简易住房的，后来才集中到首都区和村落里进行聚居。时至今日，尤其是在外岛（即主岛汤加塔布岛之外的岛屿），许多汤加人仍然生活在村子里，那里的生活方式和早些时候没有不同，这也使得汤加成为南太平洋地区古代村落文化保存最完整的区域，许多游客慕名而来。汤加人家庭观念很重，逢年过节必是全家人团聚的日子。尊敬老人是汤加人推崇的美德。每到新年，汤加人也同中国人一样，走亲访友，特别是要给长者拜年，家庭成员都要到年长者的家中吃团圆饭。这些观念同中国习俗极为相似。

　　传统葬礼上人们都手持鲜花，有着芳华总会转瞬即逝的寓意，当亲友去世时，人们也会用鲜花做成花环并将其送给逝者，汤加人相信这些鲜花可以使死者通往另一个世界的道路变得美丽芬芳。汤加人信奉基督教，把星期日当作安息日，他们对于亲人的离世会伤痛，但较容易释怀，因为房前屋后、村落的公墓，都埋葬着亲人，如同生前一样陪护着彼此。

▲ 图依汤加王朝在拉帕哈的皇家墓地

▲ 远眺汤加王宫墓地

拉皮塔人到达汤加后，在汤加塔布岛的托洛阿建立了第一个都城，图侬塔图侬（Tu'itatui）国王建立了三石门，传说是当时王宫的拱门。

托洛阿和赫克塔（Heketa）的海岸线崎岖不平，没有合适的入海通道，也不能为独木舟提供庇护，最终图侬塔图侬的儿子塔拉塔马（Talatama）将都城迁到了穆阿。

1953年12月，英国伊丽莎白女王和爱丁堡公爵访问汤加，就是从穆阿的港口抵达的，这让全体汤加人民振奋。汤加以传统大型宴会的方式准备了丰盛的食物、编排了庆典歌舞、建造了欢迎拱门等，英国女王的到访使这个太平洋岛国掀起了不小的波澜。

▼ 拥有汤加最神奇传说的三石门

▲ 纯真的汤加少年

汤加王国的国民具有完整且极强的民族自尊心和自豪感，作为浩渺的太平洋南部岛国中唯一实行君主立宪制的国家，汤加王国也是该地区唯一未曾沦为殖民地的国家；在二战时期，萨洛特女王带领国民为英国捐助战备基金，并率领汤加人把所有资源都交由英国支配，不惜为二战作出牺牲。

二战后，这一区域实行托管制的国家普遍进行的非殖民化运动也未对汤加产生任何影响，所以培养出了小国寡民的心理优越感。汤加王国的历史悠久，也的确在很长一段时期内成为地区的霸主，因而在地方政治、文化和宗教方面，都有一定的引导性和主导地位。

汤加王国宗教氛围浓厚，地方的风俗文化独特，汤加一直在致力于探寻国家和民族发展的过程中，坚定自己的理念，采用汤加方式（Angafaka Tonga，the Tonga Way），因此汤加王国在自己治国理政理念和发展道路上，还会有很长的路要走。

在所有古老民族口口相传的故事里，星辰无非就是远去的古老灵魂。南十字座是南半球肉眼可见的星座之一。澳大利亚、巴布亚新几内亚和萨摩亚的国旗上也都有南十字座。在汤加、萨摩亚和纽埃一线上，沿着南"十"字形的一竖向下方一直画下去与大陆接壤的地方，基本穿越过新西兰本土；在稍微偏西的斐济，也可以参照这种方式，来大致判断新西兰的所在位置。

一个人无论身处南半球何地，在天气良好时都可以在夜幕降临时观察到它。南十字星座会在上半夜或者当地时间晚8点前后转过上中天的位置——也就是全天的最高点。南十字星座像一个超大号的时针，在夜晚围绕着南天极旋转，并作为季节和时间的表征。同时对于虔诚的基督徒而言，若有心爱的人陪伴在身边，为你在天空中画下那个十字，那么，他就是以宗教般的热忱和爱情起誓，向南十字星座致敬和祝福。

▲ 美丽的汤加夜空

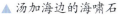
▲ 汤加海边的海啸石　　　　　　　　▲ 美丽的瓦瓦乌岛

　　21世纪以前，因为海外侨汇对于汤加王国经济的支撑，在联合国开发计划署（UNDP）发布的人类发展指数（HDI）中，汤加曾排在全球第54位，位于所有太平洋岛国之首，反映了当时汤加人们生活的富足。到了2014年联合国开发计划署发布数据时，汤加在全球人类发展指数综合排名中降为第100位，虽有退步，但是高于世界平均水平。由于岛民大都没有经商的意识，因此收到侨汇后，极少有人会想到或乐意把钱用来进行投资和经营企业。

　　大部分人将汇款用于家庭消费，如购买进口食品、改善住房条件、购买小汽车或其他进口耐用消耗品。因此表面上汤加经济比较繁荣，尤其是在首都努库阿洛法，进入21世纪以来小汽车数量急剧增加，甚至在上下班等高峰时段会出现交通堵塞现象；但涌入各岛屿的二手、三手乃至多手汽车，污染了岛屿空气、形成了废弃垃圾。

第八章

汤加工艺，
土著原味

所有沉重的都归于海水
所有轻浮的都沉于高山

大海的镜面把天空收入囊中
熨熨帖帖干干净净整整齐齐

　　上帝与汤加同在，这是汤加国歌所传达的声音。作为一个虔诚的基督教王国，上至王公贵胄，下至帻头百姓，汤加民众有着虔诚的耶稣信仰，西方文化也无时无刻不在影响着汤加的政治、社会生活。即使如此，汤加仍然保持了汤加是"汤加人的汤加"的基本理念，坚持汤加民族传统文化的整理、传承与发扬光大，确保走一条属于自己的"汤加道路"。

汤加王国旅游资源丰富，拥有热带海滩、热带雨林、活火山，以及理想的潜水地点，旅游业近年来发展迅速，该行业收入已成为仅次于侨汇收入的主要货币来源。汤加工业基础薄弱，近年来在国家政策引导下有了一些发展。汤加和其他太平洋岛国一样，经济总量小，市场开放，很容易受到国内和国外不安定因素的冲击。

▲ 汤加王室在参观手工艺品

▲ 瓦瓦乌华人打理的熊猫酒店装饰以汤加工艺精华，具有典型的代表性

汤加国家文化中心（Tonga National Cultural Centre）毁于2018年的飓风。汤加国家文化中心曾经陈列着最富汤加特色的手工艺品，中心内展品包括汤加历史上的各种手工艺品、生活用品等，鲜明、生动地展示了汤加3000年的古老文化。以木材为原料制作的手工艺品，也成为出口创汇的主要来源，汤加手工木制品看似粗糙，但造型别致，有着浓郁的岛国特色。其他非木材产品，如用可可树皮提取的染料、香草制品、编织篮子、鲸鱼制品、玳瑁、贝壳手工艺品等，也是非常重要的经济来源。

自古以来汤加人经常到访甚至占领邻国岛屿，有时是去做生意，有时则是聚敛财富。他们运回的东西包括木碗、席子、陶器、武器以及装饰用的红羽毛。在汤加，人们把檀香木泡在椰油里制成香料，领主常常用来在宗教仪式中涂抹身体，那时这种贵重物品要用鲸的牙齿来交换。檀香木制品曾经在汤加市场上占据着重大的份额，但随着商人将檀香木原料洗劫一空，汤加本土的檀香木资源近乎枯竭。汤加人还常去斐济求购大型帆船，并且汤加人打造帆船、独木舟的手工技艺精湛，完全可以说是独步太平洋岛国。

岩石雕刻

　　近来，人们在汤加王国哈派群岛的FOA岛北端发现了50多个岩刻图案，其中有人物和动物形象。这些岩石雕刻被埋在海滩沙子底部可能已有数百年，现在重现于人们眼前，揭开了汤加历史的新篇章，有助于人们进一步了解其古代海上航行史。

　　这些岩石雕刻的存在证明，早在接触西方文明之前，汤加和夏威夷之间就有了直接远距离航行的可能性。专家认为这些图案形象非常接近公元1200年—1500年的古夏威夷图案形象。

▲ 汤加王国哈派群岛FOA岛发现的岩刻图案

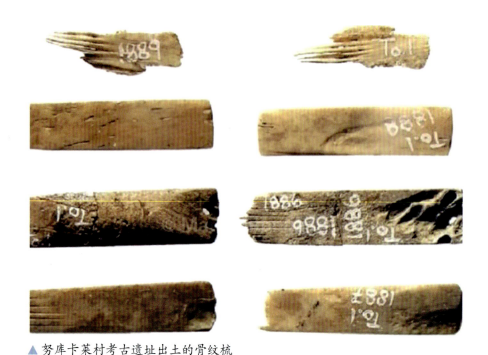

▲ 努库卡莱村考古遗址出土的骨纹梳

　　汤加塔布东部一个叫作努库莱卡（Nuku Leka）的小渔村被考古专家确认为波利尼西亚人最初的定居地。此地出土的陶片已有2900年的历史。此前，汤加的邻国萨摩亚几十年来认为自己是"波利尼西亚摇篮"，斐济宣称其辛阿托卡（Sigatoka）沙丘为波利尼西亚诞生地，现在看来这些遗址都要比汤加晚几个世纪。

　　专家认为这些陶器是被一群神秘的人经由美拉尼西亚（Melanesia）带到太平洋地区的，他们就是波利尼西亚先民。努库卡莱村的考古遗址在方嘎乌塔潟湖口。

　　据考古人员推测，大约3000年前，此处海平面要比现在高，当时没有红树林，潟湖边是个大海滩，湖内尽是贝壳类动物，人们当时以海龟和鸟类等为食。先民们在努库莱卡定居后的一个世纪里便逐渐在整个汤加扩散居住下来并在1000年后移向更远的东波利尼西亚。而最近对在汤加发现的四件古代骨纹梳工具的研究表明，它们是世界上确认的最古老的文身工具，令人惊讶的是，其中两件是由人类骨骼制成的。人们使用放射性碳年代测定法确定这些工具有2700年的历史。

卡瓦

卡瓦（Kava）酒，是南太平洋地区大部分岛国招待国宾时的仪式用酒，具有非常繁复的程式。卡瓦拉丁语名称为"Piper Methystiium"，即"令人陶醉的胡椒"。卡瓦本质上并不是酒精制品，而是一种由当地胡椒根研磨、泡制而成的饮品，是太平洋岛国人生活中不可或缺的部分，尤其是在大型集会和重要节日，卡瓦既是神秘古老仪式中的主角，又是家喻户晓的日常饮品。

卡瓦酒看似泥浆，喝起来有淡淡的花椒水味和苦涩味，喝后舌头发麻。作为一种多年生灌木，卡瓦一般树高2米—4米，叶呈心形，生长周期为3—5年，卡瓦树根制造的卡瓦酒具有清醒、怡神和稳定情绪的功效，对缓解精神紧张、焦虑、恐惧、失眠、抑郁具有一定的疗效。卡瓦仪式一般在男性的聚会场合举行，偶尔也会邀请女性参加。客人喝完由土著奉献到面前的用椰壳盛满的卡瓦，暗示其受到了尊敬，从而完成村寨的欢迎仪式；当然这种卡瓦对于首次品尝的游客而言，不啻一个非常重大的挑战。

▲ 汤加卡瓦锅

汤加社会中的传统和习俗具有明显的分层性，其禁忌和义务制度也支配了不同家族和家庭之间的关系，是统治更大社会阶层的规则的基础。

作为皇族和贵族，他们中的每一个人在社会阶层的地位，他的责任和他相关的个人法力（也即所谓君权神授的超自然力量），都使得其高高在上。在家庭内部，父亲是一家之主，以这种身份，他对家庭的所有成员都有绝对的权力。就孩子而言，他的人身权利和私人财产都被家族长以一种神圣的包围、约束和规范。

马维传说

马维（Maui）在汤加语中发音为马维，但传统英语国家的人们更多称之为毛伊。他是波利尼西亚神话中半人半神的英雄，在南太平洋各岛国的神话中都有他的身影。

马维在波利尼西亚神话中属于次神（Auti），喜欢恶作剧，但本质善良。岛国雨水较多、日照的时间太短，马维连夜出征往东边的山上找太阳，并用绳索套住了太阳，让太阳慢下来。马维每次出海都只能钓到很少的小鱼，他改用祖传的神奇巨钩（由先人的额骨制成），从海底拉起了一座一座的岛屿……另外与中国神话盘古开天类似，马维用身体撑住地面，把天空推回了天上，从而拯救了全人类。还有一个类似普罗米修斯盗取火种的伟大故事。

总之，南太神话中男一号就是他，汤加本地所产的五种啤酒之一，就有马维。迪士尼电影《海洋之心》就是以马维、莫阿娜为主角的，电影讲述了作为航海世家后代的波利尼西亚公主莫阿娜，为了找寻传说中的神秘之岛，独自踏上了艰辛的航海之旅，最终成功克服各种海洋凶险而成长的故事。莫阿娜是迪士尼塑造的又一个成功的公主形象。

传说中，马维为了一个名叫海娜（Hina）的女子，打败过邪恶的鳗鱼之神图纳·罗阿（Te Tunaroa）。人们对Hina的身份众说纷纭，有人说她是Maui的母亲，有人说她是Maui的妻子，连Maui的妹妹也叫Hina，总之Hina对Maui很重要。Hina Cave就坐落在汤加塔布岛的西南，悠闲的海滩、喧闹的岩洞、狂放的歌舞，令人领略到汤加原始风貌中的歌声与微笑、民风与世情。

▲《海洋之心》马维、莫阿娜

▶▶ 塔帕

汤加传统的手工艺品包括骨雕、篮子以及精美编织品，所用工艺都是由汤加手工艺人代代相传下来的。其中当地最为有名的手工艺品是塔帕（Tapa）。

塔帕是一种用桑树（当地称作Hiapo）树皮做成的布料，上面染有传统符号和花纹，多用于装饰，极具文化价值，在汤加当地是非常重要的传统礼品，汤加人一生会收到若干塔帕。

塔帕至今仍然是纯手工制作，在汤加到处都能听到为制作塔帕而用木槌捶打树皮的声音。这可以说是人们最为熟悉的声音了。从清晨到日落，妇女们聚集在自己家里或是在村里专门制作塔帕的房子（Fale Kau Taha）里，互相帮助制作塔帕。每一块塔帕都与众不同，是非常难得的纪念品。

▲ 汤加塔帕布

⏩ 篮子

汤加人非常擅长做篮子，有的篮子用棕榈叶编成，有的篮子是用椰子纤维做的，做工精巧，用来装饰或展览，样式不一，在岛上的造访者看来"极其精美整洁，上面有白色的串珠装饰，有时还会有些红羽毛陪衬"。

▲ 汤加手工艺品大市场上的各种篮子

草席

　　和制作塔帕一样，编草席（Mat）也是汤加人日常生活的一部分，草席常用露兜树的干树叶编织而成。妇女们聚在一起，一边编草席一边唱歌或交谈，气氛融洽热烈。草席是家家户户最为珍贵的财产。

　　汤加人非常懂得就地取材，岛上树木茂盛，韧性十足的树叶、树皮被当地人做成厚薄不一的衣服、床单、桌布甚至地毯等日用品。树皮甚至还被当地人用作造房子的主要原材料。树叶和树皮经过加工后，用来充当墙体和房顶，再用结实的树枝支撑，一座简易小屋就完成了。据介绍，这种房子一般没有门窗，只保留一个洞作为入口。由于很轻，人们可以轻而易举地抬起来，因此人走到哪里，就可以将房子搬到哪里。

▲ 汤加草席

▲ 汤加邮票（一）

▶▶ 汤加邮票

汤加最早于1886年开始发行邮票。在1963年，汤加曾经发行过一套6枚圆形纪念邮票，这也是世界邮政史上最早的异形邮票。

1964年，该国利用南太平洋妇女大会举行之际，集中发行了四枚鸡形和鳄鱼形状的特殊纪念邮票，这吸引世界各国集邮爱好者慕名而来。从那时起，汤加的邮票就不受国际邮联的限制，开始发行各种形状的邮票，如三角形状、十字架形状、水果形状、动物形状、房屋形状、地图形状，甚至还有体育和名人剪影的特殊邮票。从以上的叙述里大家也可以发现，汤加敢于印刷世界上任何形状的邮票，只有你想不出，没有汤加印不出。

汤加人的聪明还在于，标新立异的邮票不仅提高了汤加的名气，还为他们赚取了不菲的经济收入。这小小的邮票已成为游客馈赠亲友的佳品。标新立异的邮票，深得集邮爱好者的喜爱，不仅形状特别，而且在用材上也十分讲究。除了纸质外，汤加人还别出心裁地选用金属做原料，无形中提高了邮票的收藏价值。

汤加还发行了一套心形和汤加塔布岛形状的邮票，这些邮票用金属箔片仔细压制，惟妙惟肖。它们被集邮者称为"心与靴"邮票。更令人惊讶的是，汤加只发行了这套珍贵邮票中的10枚，就不再增加印量，这引起了许多集邮者和收藏家的疯抢。然而，汤加邮政局宣布使用惜售策略，对其中6枚邮票进行限量销售，邮票价格飙升。这样导致最后一张邮票定价15万美元，仍然很快就被抢购一空。看到时机成熟，汤加人卖出了剩余四枚邮票中的三枚，这样每枚售价竟然高达20万美元，可谓发了一笔大大的横财。

汤加邮票的另一个显著特点是，每张邮票的背面都印有爱国的语言。例如"汤加——时间之起点"，其他还有许多类似的词语，足以说明汤加人民的生存智慧和爱国情怀，这让世界人民也能够更好地了解汤加。正是通过小小的邮票，使一个没有任何资源优势的小国，成为举世闻名的"邮票王国"。

▲ 汤加邮票（二）

第九章

一带一路，
中汤友谊

谁能告诉我大树在歌唱着什么
而你影子里的那条河又是什么

我从大洋的深处如鱼一般穿梭
把海岬的悬崖和峭壁轻轻抚摸

　　在海上"一带一路"的南缘，我国同包括汤加王国在内的太平洋岛屿国家，都建立了平等、友爱、良好的互动关系。"一带一路"的共赢合作，同中国的改革开放相辅相成，为各国经济发展的相互促进，起到了良好的示范与引领作用。

中汤两国于1998年11月2日建立外交关系以来，在政治、经济、文化、教育、卫生和军事等领域的友好合作关系不断发展，双方政府高级官员和代表团互访频繁。中国目前在楼房、道路、桥梁等建设项目上与汤加开展合作。

▲ 中汤友谊地久天长

2010年9月，中国海军"郑和"号和"绵阳"号军舰访问汤加。2012年3月18日，汤加国王图普五世在中国香港病逝，应汤方请求，中国政府派专机将其遗体送回汤加，并派民政部姜力副部长率领的特使团赴汤加参加葬礼。

2012年4月，中国海军"郑和"号军舰再次访汤，汤加国王夫妇登舰参加了在"郑和"号上举办的友好活动。2014年8月13日—20日，中国海军"和平方舟"号医疗船访问了汤加，这期间，船上医务工作者分赴当地医院、诊所、外岛和在船上共为近4000名汤加当地居民和在汤华人提供了医疗服务。

汤加王国政府致力于与中国政府的友好互信。中国在南太平洋地区拥有最大规模的外交使团，在经济上也成为该地区继澳大利亚和美国之后的第三大援助国，并设立了"中国−太平洋岛国论坛""中国−太平洋岛国经济发展合作论坛"等对话沟通平台。

2014年11月，中国国家主席习近平在斐济与太平洋建交岛国领导人举行集体会晤，与会领导人一致决定构建相互尊重、共同发展的战略合作伙伴关系，携手共筑命运共同体，为中国与太平洋岛国关系掀开历史新篇章。从而可以改变由于太平洋岛国地小人稀，且长期远离国际冲突中心，处于世界事务的边缘，因而在相当长一段时期被视为"太平洋最偏僻的地区"的现实情况。

▲ 歌诗达邮轮承载近两千名中国游客到达汤加后受到了热情迎接

　　中国与南太平洋国家的交往日趋频繁且邦交正常化，是基于全球的利益分配格局的调整，中国与越来越多的国家和地区进行友好交往并扩大互利合作，进一步参与全球化进程与民间交流的广度与深度，进一步体现中国特色大国外交的客观实际，也成为包括太平洋岛国在内的国际社会对中国的殷切期待与共同发展的需求。

　　面对西方政客对于技术和政策的无端指责，汤加政府旗帜鲜明地支持由中国无偿赠送的客机"新舟"。中国也在帮助汤加提升民航能力方面做了大量工作。不但为其培训了飞行员、地勤、签派、空乘等一系列民航人才，还派驻了一个现场专家组，及时解决飞机运营中出现的问题。汤加民航局局长维利·科克表示，中国没想要任何回报，"我只知道他们慷慨，愿意赠送这些礼物"。

　　2016年12月，歌诗达邮轮（Costa Crociere）承载近两千名中国游客到达汤加，是该国历史上最多、最大的一次外国游客团。

2018年2月28日—3月8日，应国家主席习近平邀请，汤加王国国王图普六世对中国进行国事访问。在中国国家主席习近平和汤加王国国王图普六世共同见证下，教育部部长陈宝生与汤加王国副首相兼基础设施和旅游大臣塞密西·西卡分别代表两国政府签署了《中华人民共和国教育部与汤加王国教育部关于教育交流与合作的谅解备忘录》，同时有关备忘录也都进一步巩固了双方在环境、能源、信息、财政上的深度合作。

▲ 中国援助的汤加国家会议中心

▼ 中国援助的汤加瓦瓦乌王子医院

▲ 中国援助的汤加商贸中心 CBD

▲ 汤加国王图普六世出席中国援建的汤加太阳能发电站

2019年2月24日—27日，第二届"一带一路"国际合作高峰论坛在北京举行，会议以"共建'一带一路'、开创美好未来"为主题，包括开幕式、圆桌峰会和高级别会议共三个部分，推动"一带一路"合作实现高质量发展，确保已签署的合作文件能够渗透、落实到具体的项目当中。推动共建"一带一路"的基础更坚实，对接更便捷，保障也更有力。

共建"一带一路"体现了中国推进全方位开放格局的决心，而中国新一轮改革开放的举措，又将为共建"一带一路"注入新的动力。"一带一路"同中国的改革开放相辅相成、相互促进。在论坛举办期间，中方将对外展示改革开放的成效和举措，进一步与世界分享中国经济增长的红利，也必将为推动共建"一带一路"和各国的共同发展带来更多的机遇。

中华人民共和国驻汤加王国历任大使名单

姓名	任职时间
张滨华	1998年12月—2002年3月
高善海	2001年12月—2005年11月
胡业顺	2005年12月—2008年10月
樊桂金	2008年10月—2010年10月
王东华	2010年10月—2013年11月
黄华光	2013年12月—2017年4月
王保东	2017年5月—2019年5月
曹小林	2020年1月—

（资料来源：中华人民共和国外交部官网）

汤加统计局曾经做过一次大规模的人口普查工作，当时在汤华人联合会顺便统计出近千华人在汤加居住的华人有近千人。因为各个岛的面积都较小，并没有专门的华人社区，华人居住地点也较为分散，一般是以租住当地土著人的房屋为主；当然受国内置办产业习惯的影响，也有华人购置其九十九年产权的房屋，但是这种情况很少。

　　根据2014年的资料，汤加的华人华商中以福建人为最多，几乎占到五分之四，其次则是广东、辽宁、山东、吉林、上海籍的华人。其中福建人又以来自福清、厦门的华人为最多，大致比例为福建占77.00%、广东占9.67%、辽宁占2.00%、山东占1.65%、吉林占1.65%、上海占1.30%、天津占0.94%、中国台湾占0.94%。在涉及118个姓氏，其中林姓、黄姓、陈姓最多，居前三名。其中林姓115人，占13.56%；黄姓78人，占9.20%；陈姓63人，占7.43%；王姓43人，占5.07%；李姓40人，占4.72%；郭姓37人，占4.36%；何姓29人，占3.42%；郑姓26人，占3.07%；以上大姓占了总人数的一半以上。

　　当地重要华人组织主要有汤加华人联合会、汤加中国商会、广东同乡会等，是一种靠地缘关系和血缘关系而凝聚在一起的民间组织。

第十章

异域一瞥，
绝美汤加

荷花雪花和芙蓉花
穿越赤道和回归线

穿越海域和凤栖地
穿越洋流和直航线

　　飞往汤加王国的旅程充满了艰辛，也正是因为
路途遥远，才保证了汤加王国的原始性和纯粹性。
不论是在人种上还是在文化上，汤加都有着自己的
独特魅力。而风景的绝美、文化的独特，才是令人
流连忘返的最大原因。举目四望皆茫然的大洋，玻
璃白、翡翠绿、海藻绿、透明蓝、墨玉蓝、曜石
黑……近在咫尺的大洋，颜色每天都要变幻多次、
美不胜收。而风生即水起、雨过即彩虹……还有更
多的汤加之美、汤加之奇，期待您的感受与体验。

通联

在哪里可以获悉关于汤加的最新信息?

建议检索英文网站,汤加国家电视广播台有2个电视频道、2个广播频道,电视频道是不定期播放,广播频道定期播放,但现在已经基本没有纸质媒体了(经营惨淡);新闻网站主要有四个:Matangitonga、Anivatonga、Nepituno、Nukualofa Times。当然官方也曾建设过很多网站,因为没有将服务器托管到其他地方,导致数据经常丢失或损坏。本次火山喷发导致的断网,使得汤加全境的信息完全无法传输出来。

国内有很多研究机构,如聊城大学太平洋岛国研究中心对汤加和其他岛国的研究就走在了前列,本书即受中心建设经费和国家社会科学基金重点项目"太平洋岛国研究"(15AZD043)等资助。另外"美丽汤加、魅力南太"也是本书作者运营的一个有着众多汤加信息的微信公众号。

▲ 聊城市与瓦瓦乌群岛建立友好合作关系(2021 年 11 月)

◀聊城大学太平洋岛国研究中心

景观

汤加塔布群岛，是汤加王国的主岛，首都区是努库阿洛法，汤加语意为"爱之家园"。岛上的东部有穆阿(Mu'a)墓葬区考古遗址和哈阿蒙加三石门（Ha'a Monga'a Maui Trilithon）；岛的东南侧有阿那胡卢（Anahulu）溶洞、海娜（Hina）洞穴、天生桥及海滩、奥好嘞（Oholei）细沙海湾以及富阿阿莫图（Fua'amotu）国际机场。在岛的西南侧，有马普阿维阿喷潮洞、苏娜米（Tsunami）海啸石等景点，西海岸则是日落海岸、各个独具特色的小度假村，以及观鲸点和破浪点。

▲ 汤加南部的 Haateiho 南部海滩及海草化石

从努库阿洛法市区的鱼市场，可前往北侧美丽的阿塔塔岛（Atata）、法法岛（Fafa）、庞爱莫图岛等小岛进行深度游，也可以通过图普四世客运码头或富阿阿莫图机场前往埃瓦岛、瓦瓦乌群岛、哈派群岛等。

▲ 汤加人酷爱刺青

▶▶ 刺青

刺青是汤加民族图腾与特色，欧洲人登陆汤加的时候，最早记载了汤加人爱好文身的习惯，并画在了各种书籍中。最近对在汤加发现的四件古代骨纹梳工具的研究表明，它们是距今2700年的世界上最古老的文身工具，令人惊讶的是，它们是由人类骨骼制成的。汤加人崇尚力量和武力，不畏惧死亡，当然也不害怕疼痛，刺青也被视为成年礼的一个重要环节。

刺青是一种时尚、一种艺术、一种文化，也逐渐成为彰显个性的一种方式。最初是为了恐吓对手和敌人，世界各地的原始部落常有纹饰肤体的习俗。刺青的时候用带有颜色的针刺入皮肤底层，而在皮肤上制造一些图案或字眼出来。刺破皮肤而在创口敷用颜料使身上带有永久性花纹。同样也有在皮肤上造成隆起条纹瘢痕的做法，也称为文身。

汤加等南太平洋国家的刺青尤其考验忍耐力，刺青被视为成年人的标志，这里曾有把刺青后的人放到海水里浸泡的习俗，可以想象到这种成年礼是多么残酷。文身后在身体某部留下不褪色的图案，包括鸟兽花卉或图腾、经文、亲人图像等，甚至还有汉字，能够反映其审美意识及宗教观念。我国的高山族、德昂族、黎族、独龙族、傣族、布朗族、基诺族等，也曾有文身的习俗。

▶▶ 农业

汤加直到如今还是以较为原始的农业生产为主，很少有大机械参与的农作。一些农作物有多种用途，如番薯、香蕉、车前草可食用，构树和露兜树可用来做布料和席子。椰树则全身都是宝，既可以用来做饮料和食物，还可以做建筑材料、渔网、篮子、绳索、席子、扇子以及梳子等。

汤加人的主食是植物的根茎和各种水果，因此汤加很重视农业生产。汤加的土地被分成了精耕细作的小块，之间用芦苇做的篱笆分开。最初人们并不集中住在村落里，而是住在农田间。在欧洲人到来之前，汤加人就享受着丰衣足食的小农经济，温饱对汤加人来说从来不是问题。

▲ 汤加学生参观中国农业组的蘑菇大棚和蔬菜基地

▲ 汤加农业展览会的水果

汤加土壤层比较瘠薄，仅有半米到一米的火山灰可以耕种，下面就是珊瑚层的碎石，再往下就是火山基岩。汤加售卖的种子、农药等几乎都是空运而来，所以价格极其昂贵。援外老师带领学生参观中国农业组的蘑菇大棚、木耳大棚、养殖基地和蔬菜基地，让汤加老师和学生们都大开眼界。

▲ 汤加土壤层比较瘠薄

▶▶ "种海"

与传统农业社会的"种田"相比，汤加渔业发展呈现"种海"状态。汤加陆地面积少，但海域较为辽阔，拥有近70万平方千米海洋专属经济区。汤加海洋资源较为丰富，渔业出口以金枪鱼为主，占渔业产品出口的40%。

目前，汤加渔业部门正积极开发其他鱼类、珍珠、巨蚌、海藻养殖和出口项目，提高渔业产品附加值，改善码头等基础设施，提高产业竞争力，以形成新的经济增长点。汤加政府出台《汤加渔业发展规划》后刺激了渔业经济的发展。

汤加当地捕鱼牌照费用约为每年3万潘加（每年价格上下浮动），必须以当地人名义申请，外籍人士可以跟汤加人合作获取捕鱼牌照。汤加水产资源丰富，可以进行渔业投资。

汤加海域盛产白沙参和猪婆参，很受中国市场欢迎，出口数额巨大。其中猪婆参个大、皮滑、肉厚，属于同类海参中的极品，投资回报率极高，但是由于汤加对于海参捕捞管理严格，需要海参捕捞、加工和出口牌照，每年仅有两三个月的捕捞期，并不适宜外商长期投资，所以当地应该发展适度规模的渔业生产。

▲ 汤加潟湖里的海水，近处右侧是红树林

峭壁

汤加塔布岛东海岸，以及东南相邻的埃瓦岛，悬崖峭壁林立，从南部的热带雨林到北部瓦瓦乌群岛各小岛间平静如画的蓝色水道，从形态各异的火山到未受破坏的珊瑚环礁，海洋和雨林里面遍布各种动植物。汤加地处南太平洋的心脏地带，由众多小岛组成，被称作"撒落在太平洋上的珍珠"。作为旅游胜地，这里呈现的是波利尼西亚原生态面貌，可以让人充分体验大自然的美妙与神奇。

▲ 汤加东南 Ha'amalo 海岸崖岸陡峭、海景壮阔

如位于汤加塔布岛中南海岸靠近胡方阿卢普海滩（Hufangalupe Beach）的悬崖观景台（Cliffs Overlook）天生桥景区，汤加本地人称之为燕子洞（Swallows'Cave），也称之为鸽门拱道（Hufangalupe Archway），其实这里并不常见燕子、麻雀或鸽子，据说有金丝雀出入和穴居，白天和傍晚会见到狐蝠和海鸟。天生桥属于海浪淘蚀的海岸岩石，下部塌陷形成空洞后形成的自然景观。

本处的天生桥生成时间晚于埃瓦岛和瓦瓦乌的卡帕岛的两处天生桥，所以掉落的石块尚未被海水冲刷入海，每日潮涨潮落时，会在石块上激起巨大的浪花，真可谓"卷起千堆雪"。退潮的时候，有大胆的当地人会进入洞穴底部的平台，走进靠海的空穴里面。因岩石湿滑，极不安全，也发生过若干事故，所以当地人也称该处悬崖为情人崖、断肠崖，意谓一眼望尽天涯，二眼情人断肠，三眼怅回故乡。

▲ 洪阿汤加－洪阿哈派岛从北往南看熔岩蜿蜒冷却，火山口出现潟湖

▶▶ 熔岩

汤加王国诸岛大部分岛屿是由石灰岩底质、火山上覆盖珊瑚礁而成。汤加群岛所包括的两列平行群岛大致为东北—西南走势，其中东侧为珊瑚群岛，西侧是若干火山岛，火山岛上冷却的熔岩非常漂亮，形成一道奇特的风景线。

汤加境内多火山，其中休眠火山构成了其大陆的基址。而活火山的存在，也为该地区是火山地震活跃地带提供了佐证。哈派群岛西北侧的陶富阿岛（Tofua）等十几座火山岛，以及陶富阿岛北方高岛上的火山为汤加最高山，其火山原貌保存得非常完整，成为重要的旅游目的地。西侧各岛有险峻的山峰和茂密的热带植物，景色非常别致，湖中有岛，岛中有湖，湖中的沸泉形成一泻千丈的飞瀑，整日热雾弥漫。这些火山岛既有活火山，也有休眠火山，几乎无人居住，这些均是在近代的地质时代形成的。

总体而言，汤加的火山活动不是特别频繁，很多休眠火山都是极佳的旅游点。

▶▶ 飓风

汤加的雨季和旱季分明，雨季大都从12月份开始，这期间多飓风，尤以2月份前后为甚。最近几年过境汤加的飓风，如2018年的飓风"吉塔"（Gita）、2020年的飓风"哈罗德"（Harold）和2021年的飓风"雅萨"（Yasa），都给当地的农作物带来较大的损害，房屋也受到一定程度的影响，而海上作业则受到很大的冲击。

造成海面低气压区的温暖海水是飓风形成的关键因素，因此热带海洋国家都要面临这样一个问题。飓风会带来很多的直接灾害，会吹倒各种东西，包括树木、房屋、航船、公共设施等；暴雨会淹没街道、土地，形成泥石流等；风暴潮低压使海平面上升，到达沿岸时带来大浪，淹没沿岸部分区域。同时飓风还会带来很多的次生灾害，如果不能及时恢复，会造成民众生活的困难。同时，飓风还会带来岛民心理上的解脱感，因为年复一年的飓风摧毁了岛民的财富，他们就不再跟上天对抗，变得无所事事，不再辛勤劳动了。

▲ 汤加旧码头被飓风破坏，锚石也被卷入海水中

▶▶ 环保

汤加土地面积少，固体废物垃圾的处理已成为政府和企业的负担。汤加虽然已经建立了固体废物垃圾处理厂，可以部分解决固体废物处理问题，但是废物主要还是自然排放。汤加的生态环境保护意识越来越强，相关法律法规要求也越来越严。在汤加兴办企业，要依法保护环境。首先要与环保部门取得联系，了解汤加有关环保方面的法律规定，执行当地的环保标准，进行科学环境评估，特别要注重固体废物垃圾的处理，制定切实可行的环保解决方案。相信在各国政府和民间组织的共同努力下，汤加的生态环境能够朝好的方向发展。汤加已经签署了多项环境保护方面的国际公约，如《生物多样性公约》《联合国气候变化框架公约》《京都议定书》《联合国防治荒漠化公约》《联合国海洋法公约》《保护臭氧层维也纳公约》《国际防止船舶造成污染公约》等。

▶▶ 行程

看了这么多，朋友们一定想要去汤加这个美丽国度了吧！

从中国如何去汤加王国呢？这可是一段艰难的旅程。例如我在山东出发，全程超过一万千米，需要先从济南飞到香港，然后转乘斐济国航的飞机到楠迪国际机场，再转乘从斐济到汤加主岛富阿阿莫图国际机场的飞机，经过一天一夜的颠簸，才能到达这片神秘的国土，前后行程接近四十个小时。

汤加通用货币为汤加潘加，对人民币的汇率约为3.07，近年来较为稳定。

▲ 汤加百元纸币上的图普国王六世头像

▲ 汤加币正面

▲ 汤加币反面